Die

Entschädigung für Vieh-Verluste

in Folge von

Milzbrand.

Bayerisches Gesetz vom 26. Mai 1892.

Mit Anmerkungen
unter Berücksichtigung der Motive und Judikatur,
sowie einem Anhange,
enthaltend die einschlägigen Bestimmungen des Reichs-Viehseuchengesetzes vom 23. Juni 1880, des bayer. Ausführungsgesetzes hiezu vom 21. März 1881, der Instruktion des Bundesraths zum Reichsgesetze, vom 12. Februar 1881, und der sämmtlichen zum Vollzuge dieser Gesetze ergangenen Verordnungen,

von **M. Sigl.**

München.
Verlag von J. Schweitzer.
1892.

— Preis 75 Pfg. —

Das bayerische Gesetz,

die

Entschädigung für Vieh-Verluste

in Folge von

Milzbrand betreffend.

Vom 26. Mai 1892.

Mit Anmerkungen unter Berücksichtigung der Motive und Judikatur, sowie einem Anhange, enthaltend die einschlägigen Bestimmungen des Reichs-Viehseuchengesetzes vom 23. Juni 1880, des bayer. Ausführungsgesetzes hiezu vom 21. März 1881, der Instruktion des Bundesraths zum Reichsgesetze, vom 12. Februar 1881, und der sämmtlichen zum Vollzuge dieser Gesetze ergangenen Verordnungen,

von

M. Sigl.

München.
Verlag von J. Schweitzer.
1892.

Einleitung.

Nach den Motiven zum Reichsgesetze vom 23. Juni 1880, die Abwehr und Unterdrückung von Viehseuchen betreffend, (Verh. des Reichstags 1880 Bd. III S. 420) blieb es den einzelnen Bundesstaaten vorbehalten, außer den in § 58 (bezw. 57) des genannten Gesetzes vorgesehenen Fällen (Rotzkrankheit und Lungenseuche) noch weitergehende Entschädigungen für an Seuchen gefallene Thiere zu gewähren.

Schon bei Berathung des bayerischen Gesetzes vom 21. März 1881, die Ausführung des Reichsgesetzes über die Abwehr und Unterdrückung der Viehseuchen betreffend, wurde in der Kammer der Abgeordneten (durch Abg. Dr. Daller u. A.) angeregt, daß, wie für Rotz und Lungenseuche, auch für die in Folge von Milzbrand gefallenen Thiere Entschädigung aus der Staatskasse gewährt werden solle. (Sten. Ber. 1880/81 Bd. V S. 112 f.)

Es ist natürlich, daß eine für die Landwirthschaft so hochwichtige Frage, wie die Gewährung einer Entschädigung für Viehverluste in Folge des in manchen Gegenden verheerend auftretenden Milzbrandes die betheiligten Kreise (landwirthschaftliche Vereine, Kreisversammlungen, das General-Komité des landwirthschaftlichen Vereines u. s. w.) fortan lebhaft beschäftigte.

Den eigentlichen Anstoß zur Vorlage des nunmehr zum Gesetze gewordenen Entwurfes gaben die Petitionen mehrerer Oekonomen von Mühlbach, Langwieden, Oberarnbach und Gerhardsbrunn, gerichtet an die Kammer der Abgeordneten, um staatliche Entschädigung bei unheilbaren Viehkrankheiten, hier insbesondere bei Milzbrandfällen (XVII. Petit.-Verz. B Nr. 834), welche bei der Berathung des Etats des k. Staatsministeriums des Innern im Finanzausschusse, sowie in der öffentlichen Sitzung der Kammer der Abgeordneten vom 18. Dezember 1891 zur eingehenden Besprechung kamen.

Der Antrag des Finanzausschusses:

Die Kammer wolle beschließen:

Es sei an Seine Königliche Hoheit den Prinz-Regenten die allerehrfurchtsvollste Bitte zu stellen:

„Allerhöchstdieselben wollen allergnädigst anzuordnen geruhen, daß womöglich dem jetzt versammelten Landtag ein Gesetzentwurf vorgelegt werde, nach welchem für die in Folge des Milzbrandes getödteten oder an dieser Krankheit gefallenen Hausthiere eine Entschädigung von der Staatskasse gewährt werde,“

fand die einhellige Zustimmung der II. Kammer.

Bereits am 8. Februar lfd. Jrs. brachte das k. Staatsministerium des Innern dem Landtage den Entwurf eines Gesetzes, die Entschädigung für Viehverluste in Folge von Milzbrand betreffend, in Vorlage.

In den öffentlichen Sitzungen der II. Kammer vom 9. und 18. März 1892 gelangte dieser Gesetzentwurf zur Berathung und (mit zwei Modifikationen) zur einstimmigen Annahme. Die Kammer der Reichsräthe ertheilte diesem Beschlusse in der Sitzung vom 5. Mai 1892 die Zustimmung.

Das Gesetz wurde am 26. Mai 1892 sanktionirt und als Beilage IV zum Landtagsabschiede vom 28. Mai 1892 publicirt.

Das vorliegende Gesetz bildet — nach den Einleitungsworten — nur eine Erweiterung des oben erwähnten bayerischen Ausführungsgesetzes vom 21. März 1881, indem die Entschädigungspflicht auf den Milzbrand als diejenige Krankheit ausgedehnt ist, welche neben Rotz und Lungenseuche am verheerendsten in den Viehbeständen auftritt, und es sind die Grundsätze des genannten Gesetzes deswegen auch hier beibehalten worden; insbesondere fand das Prinzip des Ausführungsgesetzes Aufnahme, daß die Entschädigung für Milzbrand aus der Staatskasse zu gewähren sei, so daß den Viehbesitzern trotz der großen Vortheile, welche das Gesetz bietet, keinerlei neue Leistungen (Beiträge zur Entschädigungssumme, zu den Kosten des Verfahrens u. s. w.) auferlegt werden.

Nach der den Motiven zum Gesetzentwurfe beigegebenen Tabelle über das Vorkommen des Milzbrandes in Bayern in den Jahren 1875 mit 1890 sind im Durchschnitte 41,2 Distriktspolizeibezirke, 93,9 Gemeinden, 131,3 Ställe, 4,6 Pferde und 173,7 Rindviehstücke von der Seuche betroffen worden.

Zur Entschädigung für diese Viehverluste steht die Summe von 75,000 Mark für ein Jahr der XXI. Finanzperiode (1892 und 1893) der Staatskasse zur Verfügung.

Nach den Erfahrungen, welche seit Inkrafttreten des Reichsgesetzes über Abwehr und Unterdrückung von Viehseuchen vom 23. Juni 1880, sowie des bayerischen Ausführungsgesetzes hiezu hinsichtlich des Auftretens von Rotz und Lungenseuche in besonders infizirten Gegenden gemacht worden sind, ist die Erwartung berechtigt, daß in Folge des gegenwärtigen Gesetzes nach und nach die Zahl der Milzbrandfälle und damit auch die vom Staate für die Entschädigungen aufzuwendende Summe sich wesentlich vermindern wird. —

In der vorliegenden Bearbeitung dieses Gesetzes wurden die Motive zum Reichsviehseuchengesetze, aus welchem die einzelnen Bestimmungen zum Theil im Wortlaute entnommen sind, zum bayerischen Ausführungsgesetze hiezu, sowie zum Milzbrandgesetze selbst eingehend berücksichtigt. Ebenso wurden die bisherigen, zum Reichsviehseuchengesetze und dem bayerischen Ausführungsgesetze ergangenen Entscheidungen des k. Verwaltungsgerichtshofes, sowie des

Reichsgerichts, soweit einschlägig, bei den einzelnen Artikeln angeführt, da diese Rechtsgrundsätze wesentlich zum richtigen Verständniß der Gesetzesbestimmungen beizutragen geeignet sind und auch bei künftigen Entscheidungen über Entschädigungsansprüche bei Milzbrandfällen auf dieselben von den zuständigen Behörden wohl stets Bedacht genommen werden wird.

Im Anhange finden sich sodann die im Milzbrandgesetze angezogenen Bestimmungen des Reichsviehseuchengesetzes, der Instruktion des Bundesrathes, des bayerischen Ausführungsgesetzes, ferner die zum Vollzuge der genannten Gesetze ergangenen Verordnungen abgedruckt, um beim Gebrauche ein zeitraubendes Nachschlagen im Gesetz- und Verordnungsblatte u. s. w. zu ersparen.

Wenn die vorliegende Zusammenstellung dazu beitragen könnte, die Kenntniß dieses für die Viehbesitzer so außerordentlich bedeutsamen und bei wohlwollendem Vollzuge sicher segensreich für die Landwirthschaft wirkenden Gesetzes zu verbreiten, so wäre damit der Zweck dieser kleinen Arbeit vollständig erreicht.

München, im Juni 1892.

M. Sigl.

Abkürzungen.

A. a. O. = am angegebenen Orte.
Abg. = Abgeordneter.
Abs. = Absatz.
Anh. = Anhang.
Anm. = Anmerkung.
Art. = Artikel.
Ausf.-Ges. = Ausführungs-Gesetz.
Bd. = Band.
Ber. = Bericht.
betr. = betreffend.
E. = Entscheidung.
Ges. = Gesetz.
jur. = juristisch.
Min. = Ministerial.
Mot. = Motive.
Petit.-Verz. = Verzeichniß der Petitionen.
R.-G. = Reichsgericht.
R.-G.-E. = Entscheidungen des Reichsgerichts in Civilsachen.
R.-V.-S.-G. = Reichsgesetz vom 23. Juni 1880, betreffend die Abwehr und Unterdrückung von Viehseuchen (Reichsviehseuchengesetz).
S. v. C. E. = Sammlung von Entscheidungen des obersten Gerichtshofes (obersten Landesgerichts) für Bayern in Gegenständen des Civilrechts und Civilprozesses.
S. v. V. E. = Sammlung von Entscheidungen des k. b. Verwaltungsgerichtshofes.
s. = siehe.
S. = Seite.
Sten. = Stenographisch.
Verh. = Verhandlungen.
Vgl. = Vergleiche.
z. B. = zum Beispiele.
Ziff. = Ziffer.

Gesetz,

die Entschädigung für Viehverluste in Folge von Milzbrand betreffend.

Vom 26. Mai 1892.

(Gesetz- und Verordnungsblatt Nr. 25 Seite 142 f.)

Im Namen Seiner Majestät des Königs.

Luitpold,

von Gottes Gnaden Königlicher Prinz von Bayern, Regent.

Wir haben nach Vernehmung des Staatsrathes mit Beirath und Zustimmung der Kammer der Reichsräthe und der Kammer der Abgeordneten in Erweiterung des Gesetzes vom 21. März 1881, die Ausführung des Reichsgesetzes über die Abwehr und Unterdrückung von Viehseuchen betreffend, — Gesetz- und Verordnungsblatt Nr. 11 S. 123 ff. — beschlossen und verordnen, was folgt:

Art. 1.

Wird der Milzbrand bei gefallenen oder getödteten Rindern und Pferden festgestellt, so ist nach Maßgabe der Bestimmungen des gegenwärtigen Gesetzes Entschädigung von der Staatskasse zu gewähren.

Anm. „Unter dem Milzbrand[1]) im Sinne des Art. 1 soll auch der Rauschbrand und die sogenannte Wildseuche, welch' letztere in den Jahren 1878 und 1881 in einzelnen Gegenden Bayerns unter den Rindern und Pferden verheerend auftrat, mitbegriffen werden; zwar werden diese beiden Krankheitsformen in der neueren Seuchenlehre von dem Milzbrand unterschieden; in der seuchenpolizeilichen Behandlung werden sie jedoch nach wie vor dem Milzbrand im Sinne des Reichsgesetzes vom 23. Juni 1880 zugerechnet und gelten im Allgemeinen von jeher und heute noch als Milzbrand. Diese besonderen Milzbrandformen wirken auch gleich verderblich auf die landwirthschaftliche Thierzucht; es soll deshalb nach der Absicht des Gesetzentwurfes eine thunlichst weitgehende Fürsorge für die Landwirthschaft eintreten und kein Zweifel obwalten, daß in demselben nicht lediglich der Milzbrand im engsten Sinne, sondern auch die bezeichneten anderen Milzbrandformen mit umfaßt sind." (Mot.)

Volksthümliche Ausdrücke für Milzbrand sind: Wildes Geblüt, Blutkrankheit, Blutstauung, Blutseuche, Brandblut, Blutschlag, Milzseuche, Milzfieber, gelbes Wasser, gelber Schelm, Karbunkelkrankheit, Knotenkrankheit u. A.

Für Rauschbrand: Geräusch, Flug, Flugkrankheit, fliegender Brand, kalter Brand, Karbunkelkrankheit, rauschender Milzbrand, fliegendes Feuer, Plage, Anwehen, Lumpenwerk u. s. w. (Vgl. Sten. Ber. 1891/92 Bd. VIII S. 664.)

---

[1]) Siehe auch Ziff. 1 der Min.-Bekanntmachung vom 15. Juni 1892 (Anhang).

„Die Entschädigung soll nicht nur für die an Milzbrand gefallenen Rinder und Pferde, sondern auch für die, sei es in Hausschlachtung oder in Nothschlachtung oder auch auf polizeiliche Anordnung getödteten Rinder und Pferde geleistet werden, wenn hiebei der Milzbrand amtsthierärztlich festgestellt wird." (Mot.) Vgl. insbesondere Art. 4 Ziff. 5 und Anm.

Die Fassung weicht von der Bestimmung des § 57 des R.=V.=S.=G. und Art. 1 des bayerischen Ausführungs-Gesetzes ab, wonach Entschädigung nur „für die auf polizeiliche Anordnung getödteten oder nach dieser Anordnung an der Seuche gefallenen Thiere" gewährt wird.

„Die Worte „nach Maßgabe der Bestimmungen des gegenwärtigen Gesetzes" haben die Bedeutung, daß die nähere Regelung über die Entschädigung aus den folgenden Artikeln zu entnehmen und die Entschädigung hienach zu bemessen ist." (Mot.)

Auch für Rotz und Lungenseuche ist nach Art. 1 des bayer. Ausf.=Ges. die Entschädigung von der Staatskasse zu bestreiten.

Vgl. die zu Art. 5 sub. Ziff. 4 angef. Entsch. des k. b. Verwaltungsgerichtshofes.

Art. 2.

Die Entschädigung beträgt vier Fünftel des gemeinen Werthes ohne Rücksicht auf den Minderwerth, welchen das Thier dadurch erleidet, daß es mit Milzbrand behaftet war.

Auf die zu leistende Entschädigung wird die aus Privatverträgen zahlbare Versicherungssumme zu vier Fünfteln angerechnet.

Anm. Abs. 1: Nach § 59 Abs. 1 des R.=V.=S.=G. hat die Entschädigung bei den mit Rotzkrankheit behafteten Thieren $^3/_4$, bei dem mit der Lungenseuche behafteten Rindvieh $^4/_5$ des gemeinen Werthes zu betragen — bei Milzbrand $^4/_5$ ohne Rücksicht auf die Thiergattung, „da der Milzbrand für Rinder und Pferde die gleiche Gefahr bildet und gleich verderblich wirkt." (Mot.)

„Im Einklange mit dem § 59 des Reichsgesetzes vom 23. Juni 1880 und Art. 3 des bayerischen Ausführungsgesetzes vom 21. März 1881 soll den Entschädigungen der gemeine Werth des Thieres zu Grunde gelegt und bei dessen Ermittlung selbstverständlich auf den Minderwerth keine Rücksicht genommen werden, welchen das Thier dadurch erleidet, daß es mit Milzbrand behaftet war." (Mot.)

Den gemeinen oder wahren Werth einer Sache bildet „der übliche oder angemessene Preis derselben (»pretium« oder »verum rei pretium«), dementsprechend der mit Rücksicht auf ihre objektive Beschaffenheit und Eigenschaft im gewöhnlichen Geschäftsverkehr für gleichartige Sachen zu erzielende, nöthigenfalls durch das Gutachten Sachverständiger zu ermittelnde Preis. (R.=G.=E. v. 11. X. 1880. Bd. III S. 241.)

Unter wahrem oder gemeinem Werthe kann nur ein wirklicher reeller Vermögenswerth, d. h. ein solcher Werth verstanden werden, welcher eine ökonomische Schätzung in Geld zuläßt, und dessen Entziehung eine effektive Verminderung des Vermögens des Eigenthümers zur Folge hat, nicht aber ein bloßer Affektionswerth, den der betreffende Gegenstand lediglich für die betreffende Person des Eigenthümers wegen besonderer Vorliebe für denselben hat, und der sich eben deshalb einer Schätzung in Geld entzieht — also der eigentliche Sachwerth, welcher durch Anlegung eines objektiven, für Jedermann geltenden Maßstabes gefunden wird, im Gegensatz sowohl zu demjenigen Werth, welcher sich auf eine bestimmte Person und deren besondere Verhältnisse — d. i. das Interesse — als zu dem auf besonderen Neigungen des Betheiligten beruhenden Werthe, Affektionswerth. S. v. C. E. Bd. II 348. Bd. VII 835.

Ueber das Verfahren s. Anm. z. Art. 5.

Abs. 2: Vgl. § 59 Abs. 2 Ziff. 1 des R.=V.=S.=G.

„Es soll mit der vorgeschlagenen Bestimmung einerseits eine unbillige Bereicherung des Viehbesitzers feingehalten, anderseits demselben ein verhältnißmäßiger Vortheil aus solchen Versicherungen nicht vorenthalten werden." (Mot.)

Beispiel: Wird der gemeine Werth eines milzbrandkranken Thieres auf 275 Mk. festgestellt und beträgt die auf Grund Privatvertrages zu leistende Versicherungssumme 200 Mk, so ist von der Staatskasse eine Entschädigung von 60 Mk. zu gewähren; der Verlust des Viehbesitzers ist **15** Mk. Liegt kein Privatversicherungsvertrag vor, so hat im gleichen Falle die Staatskasse 220 Mk. Entschädigung zu leisten, während der Verlust des Viehbesitzers sich auf **55** Mk. beziffert.

Zum R.-V.-S.-G. ergangene Entscheidung: „Um die Anwendbarkeit der Ausnahmsbestimmung des § 59 Abs. 2 Ziff. 1 des Reichsgesetzes vom 23. Juni 1880, die Abwehr und Unterdrückung von Viehseuchen betr., dem Beschädigten gegenüber auszuschließen, genügt die Erklärung einer Versicherungsanstalt, daß sie im gegebenen Falle eine Verpflichtung zur Schadloshaltung nicht anerkenne. Dem in Bayern zur Entschädigung verpflichteten k. Fiskus bleibt jedoch dann das Recht vorbehalten, je nach Lage der Sache die Ausbezahlung der vollen Entschädigung an den Beschädigten von der Bedingung abhängig zu machen, daß letzterer die ihm an die betreffende Versicherungsgesellschaft zustehenden Rechtsansprüche rechtsförmlich an den k. Fiskus abtrete. — S. v. B. E. (v. 11. IV. 82) Bd. III S. 632.

Art. 3.

Die zu leistende Entschädigung wird, sofern ein anderer Berechtigter nicht bekannt ist, demjenigen gezahlt, in dessen Gewahrsam oder Obhut sich das Thier zur Zeit der Tödtung befand.

Mit dieser Zahlung ist jeder Entschädigungsanspruch Dritter erloschen.

Anm. „Für die Auszahlung der Entschädigung wurde der § 60 des Reichsgesetzes vom 23. Juni 1880 auch auf den Milzbrand angewendet, wie dies auch in den anderweitigen Gesetzen über Milzbrandentschädigung geschah." (Mot.)

§ 60 gibt Bestimmungen darüber, an wen die Entschädigung rechtsgiltig und mit der Wirkung der Befreiung des Verpflichteten von allen weiteren Ansprüchen zu zahlen ist. Eine solche Ermächtigung ist erforderlich und verdient den Vorzug vor der Anordnung eines weitläufigen Depositionsverfahrens, da in manchen Fällen (z. B. bei Treibheerden) die Ermittlung des Entschädigungsberechtigten auf Schwierigkeiten stoßen kann. — Verh. des Reichstags 1880 Bd. III S. 421.

Art. 4.

Keine Entschädigung wird gewährt:

1) in den Fällen, in denen nach § 61 Ziff. 1 und § 63 des Reichsgesetzes vom 23. Juni 1880, die Abwehr und Unterdrückung von Viehseuchen betreffend, eine Entschädigung nicht geleistet wird,

2) für Thiere, welche mit der Seuche behaftet in das Landesgebiet eingeführt sind,

3) für Thiere, bei welchen nach ihrer Einführung in das Landesgebiet innerhalb vierzehn Tagen der Milzbrand festgestellt wird, wenn nicht der Nachweis erbracht wird, daß die Ansteckung der Thiere erst nach deren Einführung stattgefunden hat,

4) für das in Schlachtviehhöfen oder in öffentlichen Schlachthäusern aufgestellte Schlachtvieh,

5) im Falle vorsätzlicher oder fahrlässiger Zuwiderhandlung gegen die Vorschriften der §§ 31 und 32 des erwähnten Reichsgesetzes oder wenn zur Ver-

wendung oder Verwerthung des Fleisches der Thiere mit dem Aushauen desselben, bevor die vorschriftsmäßige Fleischbeschau stattgefunden hat, begonnen worden ist.[2])

Die Ziff. 3 findet auf Rinder und Pferde keine Anwendung, welche zeitweise auf Weiden oder im landwirthschaftlichen Betriebe im benachbarten Grenzgebiete sich befanden und an den im Landesgebiete gelegenen Betriebssitz des Besitzers der Thiere zurückverbracht werden.

Anm. Abs. 1: „Die Fälle, in denen eine Entschädigung nicht gewährt werden soll, sind in der Hauptsache dem Reichsviehseuchengesetze nachgebildet und dabei nur solche Modifikationen angebracht, wie sie nach den besonderen Verhältnissen in Bezug auf den Milzbrand angezeigt erschienen.

Unter Ziff. 1 des Art. 4 des Entwurfes wurde, wie in den anderen Gesetzgebungen, die Ziff. 1 des § 61, sowie der ganze § 63 des Reichsgesetzes vom 23. Juni 1880 unverändert aufgenommen; mit dem § 63 soll auch bei dem Milzbrande die Außerachtlassung oder Verzögerung der Anzeige (Ziff. 1 des § 63), die wissentliche Erwerbung milzbrandkranker Thiere durch Kauf oder ein anderes Rechtsgeschäft (Ziff. 2 des § 63), die polizeilich angeordnete Tödtung der in verbotwidriger Benutzung oder außerhalb der angewiesenen Räumlichkeit oder an verbotenen Orten betroffenen Thiere, sowie die Nichtbefolgung oder Uebertretung der polizeilich angeordneten Schutzmaßregeln (Ziff. 3 des § 63) den Wegfall der Entschädigung zur Folge haben.“ (Mot.)

„Die Versagung der Entschädigung an Personen, welche ein krankes Thier, wissend, daß es krank sei, gekauft haben — § 63 Ziff. 2 — bezweckt die Einschränkung von Weiterveräußerungen kranker Thiere, durch welche regelmäßig die Gefahr der Seuchenverschleppung vergrößert wird.“ — Verh. d. Reichstags 1880 Bd. III S. 422.

---

[2]) Die alleg. §§ des R.-V.-S.-G. s. im Anhang.

Zu §§ 9, 10, 25, 63 des R.=V.=S.=G. ergangene Entscheidungen des k. Verwaltungsgerichtshofes und des Reichsgerichts:

1. Das Reichsgesetz vom 23. Juni 1880, die Abwehr und Unterdrückung von Viehseuchen betr., fordert von dem Viehbesitzer Vorsicht und Umsicht in Bezug auf den Gesundheitszustand seiner Hausthiere. Dem Viehbesitzer ist hiernach auch die Pflicht auferlegt, sich bezüglich der Krankheitserscheinungen, welche eine Seuche anzeigen, genau zu unterrichten. — S. v. V. E. Bd. X S. 371 (21. I. 89).

2. Die in § 9 Abs. 1 des Reichsgesetzes vom 23. Juni 1880, die Abwehr und Unterdrückung von Viehseuchen betr., dem Besitzer von Hausthieren auferlegte Anzeigepflicht besteht hinsichtlich aller objektiv verdächtigen Krankheitserscheinungen, demnach hinsichtlich aller jener Erscheinungen, welche nach der von den k. Staatsministerien des Innern und der Finanzen unterm 24. März 1881 erlassenen gemeinfaßlichen Belehrung über die in § 10 des Reichsgesetzes vom 23. Juni 1880 aufgeführten ansteckenden Krankheiten der Hausthiere den Seuchenausbruch befürchten lassen. — S. v. V. E. Bd. X S. 361 (14. I. 89).

3. Es kann der Revision nicht zugegeben werden, daß die Anzeigepflicht erst erwachse mit dem und durch den thatsächlich in dem Anzeigepflichtigen subjektiv entstandenen Verdacht der Seuche. Grund und Zweck des Gesetzes ist die Nothwendigkeit, einer großen Gemeingefahr vorzubeugen und die dadurch bedingten Einrichtungen zu treffen. Daraus folgt schon allein, daß das Gesetz die Unaufmerksamkeit des Einzelnen, mit welcher er das nicht erkennt, was jeder Andere unter gleichen Verhältnissen erkannt haben würde, nicht hat für genügend ansehen können, von der Anzeigepflicht zu entbinden. Die Pflicht besteht für alle objektiv „verdächtigen" Erscheinungen, d. h. für solche, welche unter den gegebenen Umständen begründete Veranlassung bieten für den Verdacht einer Seuche. — R.=G. 27. VI. 85; Jur. Wochenschrift 1885. S. 279.

4. Die den Viehbesitzern nach Maßgabe des Reichsgesetzes vom 23. Juni 1880, die Abwehr und Unterdrückung

von Viehseuchen betr., obliegende Verpflichtung zur Anzeige-erstattung über den Ausbruch einer Seuche und über den Verdacht einer solchen ist als gegenstandslos zu erachten, wenn dem Viehbesitzer noch während der vorgeschriebenen Anzeigefrist bekannt geworden ist, daß die Ortspolizei-behörde hievon bereits offizielle Kenntniß erlangt hat. In diesem Falle hat daher die Unterlassung der Anzeige von Seite des Viehbesitzers den Verlust eines demselben nach § 57 a. a. O. gegen die Staatskasse zustehenden Anspruches auf Entschädigung für ein auf polizeiliche Anordnung ge-tödtetes oder nach dieser Anordnung an der Seuche ge-fallenes Thier nicht zur Folge. — S. v. V. E. Bd. III S. 689 (16. V. 82).

5. Die in § 9 des Reichsgesetzes vom 23. Juni 1880, die Abwehr und Unterdrückung von Viehseuchen betr., vor-geschriebene Anzeige über den Seuchenausbruch kann ge-mäß § 3 Abs. 1 der Verordnung vom 23. März 1881, den Vollzug des Reichsgesetzes vom 23. Juni 1880 und des bayerischen Ausführungsgesetzes vom 21. März 1881 betr., nur an die Ortspolizeibehörde und nicht an irgend eine andere Behörde, insbesondere nicht an den Bezirks-thierarzt, in rechtswirksamer Weise erstattet werden.

Wenn die Ortspolizeibehörde innerhalb der gesetzlichen Anzeigefrist von dem Ausbruche einer Viehseuche oder dem Verdachte einer solchen durch den Bezirksthierarzt Kenntniß erhalten und den Viehbesitzer hievon verständigt hat, so ist der letztere von der Verpflichtung zur Anzeigeerstattung an die Ortspolizeibehörde befreit. — S. v. V. E. Bd. IV S. 104 (20. VI. 82).

6. Die Verpflichtung eines Viehbesitzers, nach erfolgtem Ausbruche einer Viehseuche unter dessen Vieh und nach Anordnung der polizeilichen Schutzmaßregeln über neue Erkrankungen bei der Polizeibehörde Anzeige zu erstatten, kann aus § 9 des Reichsgesetzes vom 23. Juni 1880, die Abwehr und Unterdrückung von Viehseuchen betr., nicht abgeleitet werden, sondern bemißt sich lediglich nach den von der Polizeibehörde getroffenen besonderen Anordnungen.

Die Unterlassung einer solchen polizeilich angeordneten Anzeige fällt daher nicht unter § 63 Ziff. 1, sondern unter § 63 Ziff. 3 a. a. O. — S. v. B. E. Bd. IV S. 71 (6. VI. 82).

7. Ist ein Thierbesitzer von der Distriktspolizeibehörde zur Anzeigeerstattung verdächtiger Krankheitserscheinungen bei Thieren, welche als der Ansteckung verdächtig erklärt worden sind, bei der Polizeibehörde beauftragt worden, so kann er diesem Auftrage nicht bloß durch Anzeigeerstattung an die Ortspolizeibehörde, sondern auch durch eine solche an die Distriktspolizeibehörde oder selbst an den Bezirksthierarzt genügen. — S. v. B. E. Bd. VIII S. 253

8. Für die Form einer nach § 9 des Reichsgesetzes vom 23. Juni 1880, betreffend die Abwehr und Unterdrückung von Viehseuchen, gebotenen Anzeige genügt es, daß diese nur geeignet sei, der Polizeibehörde die nöthige Anregung zu geben.

Eine Anzeige durch Stellvertretung des Thierbesitzers ist nicht ausgeschlossen. — S. v. B. E. Bd. VIII S. 276 (30. VI. 87).

9. Die im § 9 des Reichsgesetzes vom 30. Juni 1880 vorgeschriebene Anzeige bedarf weder der Schriftform noch einer anderen Form und hat lediglich den Zweck, die Polizeibehörde von dem Ausbruche der Seuche in Kenntniß und hiedurch zur Ergreifung der erforderlichen Maßregeln in den Stand zu setzen. — R.-G.-E. v. 13. XII. 88 Bd. XXII S. 120; Jur. Wochenschrift 1889 S. 43.

10. Wenn der Besitzer eines Thieres die ihm nach § 9 des Reichsgesetzes vom 23. Juni 1880, die Abwehr und Unterdrückung von Viehseuchen betr., obliegende Anzeige unterläßt oder über die gesetzliche Frist verzögert, verliert er nicht nur den Anspruch auf Entschädigung hinsichtlich dieses einen Thieres, sondern auch hinsichtlich aller von diesem Thiere angesteckten oder aus Anlaß der Seuche überhaupt getödteten Thiere. — S. v. B. E. Bd. IV S. 188 (17. X. 82).

11. Der Entschädigungsanspruch geht für den Thierbesitzer wegen unterlassener Anzeige über den Seuchenausbruch oder Seuchenverdacht gemäß § 63 Ziff. 1 des Viehseuchengesetzes auch dann verloren, wenn der Thierbesitzer in der betreffenden Zeit abwesend war, gleichviel ob derselbe für die Dauer seiner Abwesenheit einen Wirthschaftsstellvertreter aufgestellt oder die Sorge für die Thiere lediglich dem Gesinde überlassen hat. — E. d. V. G. Bd. VI S. 139 (21. IV. 85).

12. Durch das Verhalten des Vorbesitzers eines Thieres in Bezug auf die durch § 9 des Gesetzes vom 23. Juni 1880, die Abwehr und Unterdrückung von Viehseuchen betr., vorgeschriebene Anzeigepflicht wird der in § 57 a. a. O. statuirte Entschädigungsanspruch des Besitzers in keiner Weise berührt.

Ueberhaupt kann gegenüber dem Thierbesitzer aus dem Krankheitszustande des Thieres während der Zeit, da dasselbe noch nicht in seinem Besitze war, gemäß § 63 Ziff. 2 a. a. O. ein Grund für den Ausschluß der Entschädigung nur dann abgeleitet werden, wenn der Besitzer bei dem Erwerbe des Thieres von dem kranken Zustande desselben Kenntniß hatte. — E. d. V. G. Bd. V S. 116 (22. I. 84).

13. Keineswegs bedeuten die Gesetzesworte in § 63 Ziff. 2 (des Gesetzes vom 30. Juni 1880): „von diesem kranken Zustande" etwas Anderes, als „mit der Seuche behaftet". Nach Geist und Wortlaut des Gesetzes soll die Entschädigung nur wegfallen, wenn der Erwerb des von der Seuche befallenen Thieres mit Kenntniß von dem Ausbruche der Seuche oder dem Seuchenverdachte erfolgte, in letzterem Falle vorausgesetzt, daß die Befürchtung des Ausbruches der Seuche sich demnächst verwirklicht. — R.-G.-E. v. 4. X. 87; Jur. Wochenschrift 1887 S. 477.

14. Die Voraussetzungen des § 63 Ziff. 3 des Reichsgesetzes vom 23. Juni 1880, betr. die Abwehr und Unterdrückung von Viehseuchen, sind auch dann als gegeben zu erachten, wenn die dort bezeichnete Nichtbefolgung oder Uebertretung der polizeilich angeordneten Schutzmaßregeln zur Abwendung der Seuchengefahr in die Zeit vor Einführung des genannten Gesetzes fällt.

Ferner ist es für die Anwendung der angeführten Gesetzesstelle gleichgiltig, ob die fragliche Nichtbefolgung oder Uebertretung der seuchenpolizeilich angeordneten Schutzmaßregeln bezüglich desjenigen Thieres, für welches Entschädigung gefordert wird oder hinsichtlich eines anderen aus Anlaß derselben Seuche kontumazirten Thieres des nämlichen Besitzers stattgefunden hat, endlich ob durch die Nichtbefolgung oder Uebertretung ein Nachtheil entstanden ist oder nicht. — S. v. V. E. Bd. III S. 734 (30. V. 82).

15. In jeder Verfehlung gegen die auf Grund der §§ 19—29 des Reichsgesetzes vom 23. Juni 1880, die Abwehr und Unterdrückung von Viehseuchen betr., angeordneten polizeilichen Schutzmaßregeln ist auch eine Verfehlung im Sinne des § 63 Ziff. 3 a. a. O. zu erblicken, ohne daß hiebei eine Ausscheidung der Schutzmaßregeln in Hinsicht auf Abwehr oder auf Unterdrückung der Viehseuche Platz greifen kann.

Durch eine Verfehlung im Sinne der letztallegirten Gesetzesbestimmung wird der Entschädigungsanspruch nur für die nach der Verfehlung auf polizeiliche Anordnung getödteten Thiere verwirkt. — S. v. V. E. Bd. V S. 104 (8. I. 84).

16. Als Schutzmaßregeln im Sinne des § 63 Ziff. 3 des Reichsgesetzes vom 23. Juni 1880, die Abwehr und Unterdrückung von Viehseuchen betr., können nur solche polizeiliche Maßregeln in Betracht kommen, welche in Bezug auf einen bereits konstatirten Fall des Ausbruches oder des Verdachtes einer Viehseuche angeordnet wurden.

Die ohne Bezug auf einen solchen besonderen Fall als allgemeine gesundheitspolizeiliche Maßregel angeordnete Fleischbeschau kann daher nicht unter die Schutzmaßregeln im Sinne der angeführten Gesetzesbestimmung subsumirt werden.[3]) — S. v. V. E. Bd. IV S. 269 (28. XII. 82).

Zu Ziff. 2 vgl. § 61 Ziff. 2 des R.-V.-S.-G. — Die Motive zu letzterem besagen:

---

[3]) S. Ziff. 5 des Art. 4.

„Es soll ferner für Thiere, welche krank in das Reich eingeführt worden sind, oder bei denen die Seuche so bald nach der Einfuhr ausbrach, daß der Ansteckungsstoff wahrscheinlich aus dem Auslande eingeschleppt worden ist, keine Entschädigung gezahlt werden. Die Einführung dieser Bestimmung hat sich als nothwendig erwiesen, um Personen, welche Thiere aus dem Auslande einführen, zu veranlassen, schon in ihrem finanziellen Interesse besondere Vorsicht dabei zu üben. Die Gewährung von Entschädigungen auch für Thiere, welche bei der Einfuhr aus dem Auslande schon krank sind, oder in verhältnißmäßig kurzer Zeit nach der Einfuhr erkranken, würde gewissermaßen eine Einfuhrprämie für Einbringung kranker und verdächtiger Thiere in sich schließen.“ (Verh. d. Reichstags 1880, Bd. III S. 421 f.)

Ziff. 3: vgl. § 61 Ziff. 3 des R.=V.=S.=G.

Es wurde, „da die Inkubationsdauer des Milzbrandgiftes im Verhältnisse zu Rotz und Lungenseuche sehr verkürzt erscheint, im Anhalt an die mit § 9 der Bundesrathsinstruktion vom 24. Febr. 1881 (Gesetz= und Verordnungsblatt 1881 S. 24) vorgeschriebene Sperrzeit von vierzehn Tagen eine gleiche Frist, innerhalb welcher für das eingeführte erkrankte Thier — vorbehaltlich des Nachweises der Ansteckung nach der Einführung — Entschädigung nicht gewährt wird, angenommen.“ (Mot.)

„Läßt sich bei seuchekranken Thieren die Provenienz nicht verfolgen und steht hiernach die Einführung aus dem Auslande nicht fest, so kann hieraus ein Grund, die Entschädigung nach § 61 Ziff. 3 des Reichsgesetzes über die Abwehr und Unterdrückung von Viehseuchen zu versagen, nicht abgeleitet und insbesondere auch eine Verpflichtung des Thierbesitzers zur Erbringung des am Schlusse der erwähnten Ziff. 3 vorgesehenen Nachweises nicht anerkannt werden.“ — S. v. V. E. Bd. VI S. 43 (3. II. 85.)

„Unter Ziff. 4 des Art. 4 soll, wie im württembergischen, sächsischen und elsaß-lothringischen Gesetze, die Ziff. 2 im § 62 des Reichsgesetzes vom 23. Juni 1880, wonach für das in Schlachtviehhöfen oder in öffentlichen Schlachthäusern aufgestellte, auf polizeiliche Anordnung geschlachtete oder getödtete Schlachtvieh Entschädigung versagt werden kann, auch für den Milzbrand gelten, nachdem dies mit Art. 2 des bayerischen Ausführungsgesetzes vom 21. März 1881 für den Rotz und die Lungenseuche bestimmt ist." (Mot.)

Die Modifikation ist dadurch veranlaßt, daß bei dem Milzbrand eine polizeiliche Anordnung zur Schlachtung oder Tödtung außer Betracht bleibt.

Zweck der Bestimmung ist nach den Motiven zum Entwurfe des R.-V.-S.-G., „die Viehhändler abzuhalten, inficirtes oder verdächtiges Vieh auf die für die Verbreitung von Seuchen so gefährlichen Centralstellen des Viehhandels zu bringen".

Zu Ziff. 5: vgl. Art. 4 Ziff. 6 des württemberg. Ges. v. 7. Juni 1885.

Nach §§ 31 und 32 des Reichsgesetzes dürfen Thiere, welche am Milzbrande erkrankt oder dieser Seuche verdächtig sind, nicht geschlachtet werden; die Vornahme blutiger Operationen an solchen Thieren, sowie die Oeffnung des Kadavers ohne polizeiliche Erlaubniß ist, da das Blut den gefährlichsten Träger des Ansteckungsstoffes bildet, nur approbirten Thierärzten gestattet, denen die große Gefahr bei solchen Operationen bekannt ist.

Zu den verbotenen blutigen Operationen im Sinne des § 32 R.-V.-S.-G. ist insbesondere das Aderlassen, Einschneiden mit dem Messer an der erkrankten Stelle, Blutholen durch Eingreifen in den Mastdarm solcher Thiere u. s. w. zu rechnen.

Unter „geschlachtet" sind alle Arten von Schlachtungen begriffen, da der Zweck des Verbotes ist, zu verhindern, daß das Blut der erkrankten oder getödteten Thiere eine Quelle für weitere Erkrankungen werde.

Wer also, obwohl er die am Thiere auftretenden Krankheitserscheinungen als „Milzbrand" erkannte („vorsätzlich") oder doch bei gehöriger Aufmerksamkeit als solchen erkennen konnte („fahrlässig"), die Tödtung seines erkrankten bzw. der Seuche verdächtigen Thieres oder blutige Operationen an demselben vornimmt, verliert jeglichen Anspruch auf Entschädigung gegenüber der Staatskasse, während die Entschädigung nach Maßgabe des Gesetzes gewährt werden muß, wenn das Thier getödtet oder eine solche blutige Operation an demselben vorgenommen wurde, ohne daß Gewißheit oder auch nur Verdacht des Milzbrandes vorhanden war.

Gemäß Art. 74 Abs. 1 Ziff. 1 des Polizeistrafgesetzbuches vom 26. Dezember 1871 wird an Geld bis zu fünfzehn Thalern gestraft:

> „wer den ober- oder ortspolizeilichen Vorschriften über Beschau des zur menschlichen Nahrung bestimmten Viehes vor und nach der Schlachtung zuwiderhandelt."

Oberpolizeiliche Vorschriften zu Art. 74 des P.-St.-G.-B., die Fleischbeschau betr., sind in den acht Regierungsbezirken erlassen und in den Kreisamtsblättern veröffentlicht worden. (Abgedruckt auch in „die bayerische Kanzlei", Sammlung von Reichsgesetzen u. s. w., herausgegeben von Oskar Zängerle).

Abs. 2: Diese Ausnahmebestimmung wurde von der Kammer der Abgeordneten aus Gründen der Billigkeit in das Gesetz eingestellt mit Rücksicht auf die eigenthümlichen Weideverhältnisse im bayerischen Hochgebirge und im bayerischen Walde (insbesondere „Miethweiden" im österreichischen Grenzgebiete), sowie auf den Grenzverkehr überhaupt. — Vgl. Sten. Ber. 1890/91 Bd. VIII S. 659 ff., Bd. IX S. 77 ff.

Siehe Art. 6.

Art. 5.

Soweit nicht feststeht, daß in Gemäßheit des Art. 4 eine Entschädigung überhaupt nicht gewährt wird, haben in Bezug auf die Feststellung der Seuche, die Abschätzung der Thiere, die Verhandlung und Entscheidung über die Entschädigungen sowie die Kosten des Verfahrens die Bestimmungen in den Art. 4 bis 9 (einschließlich) des Eingangs genannten bayerischen Ausführungsgesetzes vom 21. März 1881 gleichmäßige Anwendung zu finden.

Im Falle des Art. 6 Abs. 3 dieses letzteren Gesetzes hat jedoch bei Feststellung des Milzbrandes eine Untersuchung darüber, ob das Thier mit einer anderen ihrer Art oder dem Grade nach unheilbaren und unbedingt tödtlichen Krankheit behaftet war, nicht zu erfolgen.

Anm. Die alleg. Bestimmungen des Ausf.-Ges. lauten:[4])

Art. 4. Die Schätzung erfolgt durch eine Kommission, welche aus dem beamteten Thierarzte, einem Angehörigen der betreffenden Gemeinde und einem weiteren Sachverständigen gebildet wird.

Der zu berufende Gemeindeangehörige wird von der Gemeindebehörde, in München vom Magistrate, für den einzelnen Schätzungsfall bestimmt. Die Distriktspolizeibehörde hat die Auswahl aus denjenigen Bezirksangehörigen zu treffen, welche hiefür in genügender Anzahl von den Distriktsräthen, in unmittelbaren Städten von den Gemeindebevollmächtigten, auf die Dauer ihrer Wahlperioden bezeichnet werden. Bis zu der auf den Erlaß dieses Gesetzes nächstfolgenden Distriktsrathsversammlung bestimmt die Be-

[4]) Siehe hiezu Min.-Bekanntmachung vom 15. Juni 1892 (Anhang).

hörde den weiteren Sachverständigen aus den Bezirksangehörigen nach freiem Ermessen.[5])

Personen, bei welchen für den einzelnen Fall eine Befangenheit zu besorgen ist, oder welche sich nicht im Besitz der bürgerlichen Ehrenrechte befinden, dürfen in die Kommission nicht berufen werden.

Art. 5. Die Sachverständigen sind von der Polizeibehörde eidlich zu verpflichten.[6])

Ueber das Ergebniß der Schätzung ist eine von den Mitgliedern der Kommission zu unterzeichnende Urkunde aufzunehmen. Durch dieselbe wird der gemeine Werth des Thieres und der dem Besitzer etwa zur Verfügung bleibenden Theile desselben in Ansehung der Entschädigungsfrage endgiltig festgestellt.

Art. 6. In den Fällen, in welchen eine Schätzung stattfindet, muß auch der Krankheitszustand des Thieres, soweit derselbe für die Entschädigungsleistung in Betracht kommt, festgestellt werden. Dies hat thunlichst bald, nachdem das Thier getödtet oder an der Seuche gefallen ist, zu geschehen.

Die Feststellung erfolgt durch den beamteten Thierarzt und den von dem Besitzer etwa zugezogenen Sachverständigen (§ 16 des Reichsgesetzes.)

Die Sachverständigen haben in einer von ihnen unterzeichneten Urkunde sich darüber gutachtlich zu erklären, ob nach dem Gesammtbefunde das Thier mit der Rotzkrankheit, oder der Lungenseuche, oder mit einer anderen ihrer Art oder dem Grade nach unheilbaren und unbedingt tödtlichen Krankheit behaftet war.

Ergibt sich hierüber eine Meinungsverschiedenheit zwischen dem beamteten Thierarzt und dem von dem Besitzer beigezogenen Sachverständigen, oder ergeben sich sonst Zweifel an der Richtigkeit des Gutachtens, so ist das Ober-

---

[5]) Vgl. Min.-Bekanntmachung v. 24. März 1881 (Anhang).

[6]) S. § 6 der Allerh. Verordnung vom 23. März 1881 (Anhang).

gutachten einer veterinärpolizeilichen Abtheilung des Obermedizinalausschusses einzuholen.[7])

Durch die gutachtliche Erklärung des beamteten Thierarztes und des von dem Besitzer zugezogenen Sachverständigen, beziehungsweise durch das Obergutachten des Obermedizinalausschusses, wird der Krankheitszustand des Thieres in Beziehung auf die Entschädigungsfrage endgiltig festgestellt.

Art. 7. Auf Grund der polizeilichen Verhandlungen und der Urkunden, welche über das Ergebnis der Schätzung und über die Feststellung des Krankheitszustandes des Thieres aufgenommen sind, beschließt die Kreisregierung, Kammer des Innern, über die Verpflichtung zur Entschädigungsleistung und setzt zugleich gegebenen Falls die Höhe der Entschädigung fest.

Die Beschlußfassung erfolgt nach schriftlicher oder protokollarischer Vernehmung der Betheiligten, welchen auf Verlangen von den erwähnten Urkunden Einsicht zu gestatten ist.

Gegen den Beschluß der Kreisregierung, Kammer des Innern, steht den Betheiligten das Rechtsmittel der Beschwerde an den Verwaltungsgerichtshof zu. Hinsichtlich der Beschwerdefrist und des Verfahrens in zweiter Instanz finden die Bestimmungen des Gesetzes vom 8. August 1878, betreffend die Errichtung eines Verwaltungsgerichtshofes und das Verfahren in Verwaltungsrechtssachen, entsprechende Anwendung. Die Beschwerde ist bei derjenigen Kreisregierung, Kammer des Innern, anzubringen, welche den beschwerenden Beschluß erlassen hat.

II. Kosten des Verfahrens.

Art. 8. Diejenigen Kosten, welche auf die Anordnung, Leitung und Ueberwachung der Maßregeln zur Abwehr und Unterdrückung von Seuchen oder auf die im Auftrage

[7]) Das Obergutachten kann in jedem Stadium des Verfahrens, so lange nicht eine rechtskräftige Entscheidung über den Entschädigungsanspruch erfolgt ist, sowohl von Amtswegen als auf Antrag der Partei erholt werden. (Mot.)

der Polizeibehörden ausgeführten thierärztlichen Amtsverrichtungen[8]) erwachsen, werden aus der Staatskasse bestritten.

Art. 9. Den bürgerlichen Mitgliedern der Schätzungskommission (Art. 4) wird als Ersatz für Zeitversäumniß, Reisekosten und Auslagen eine angemessene Vergütung gewährt, deren Betrag durch Ministerialvorschrift geregelt wird.[9])

Diese Kosten sind von der Staatskasse zu tragen.

Die Schätzung muß den gemeinen Werth des Thieres bestimmt, ziffermäßig angeben. Ueber die Werthziffer müssen sich die Mitglieder der Schätzungskommission einigen; in welcher Weise ist ihrer eidlichen Pflicht überlassen. Eine nachträgliche Abänderung dieser ordnungsgemäß festgesetzten Werthziffer ist ausgeschlossen. (Vgl. Mot. z. Ausf.-Ges.)

Vor der Beschlußfassung über die Entschädigungspflicht ist den Betheiligten (es genügt Einvernahme vor der Orts- oder Distriktspolizeibehörde) Gelegenheit zur Geltendmachung ihres Anspruches zu gewähren.

Als „Betheiligte“ erscheinen: Der Entschädigungsberechtigte (der Besitzer des Thieres, oder nach Art. 3 derjenige, in dessen Gewahrsam oder Obhut sich das Thier zur Zeit der Tödtung befand) und der Entschädigungspflichtige (die Staatskasse). Ueber der letzteren Vertretung s. Ziff. 4 der Min.-Bek. v. 24. März 1881 (Anh.).

Die Geltendmachung des Anspruches auf Entschädigung im Civilrechtswege ist unzulässig. (Vgl. Mot. z. Ausf.-Ges.)

„Ist in den Fällen, in denen eine Entschädigung auf Grund des Reichsgesetzes vom 23. Juni 1880, die Abwehr und Unterdrückung von Viehseuchen betr., zu gewähren ist, die Abschätzung unterlassen worden, so kann diese Unterlassung den Entschädigungsanspruch nicht aufheben.“ — S. v. V. E. Bd. VIII, S. 246 (17. V. 87).

„Die von der vorschriftsmäßig gebildeten Schätzungskommission den gesetzlichen Bestimmungen entsprechend festgesetzten Werthziffern der staatlichen Entschädigungssumme

---

8) S. Bek. vom 17. März 1881, die Gebühren für Dienstleistungen der Thierärzte betreffend. (Ges. u. V. Bl. 1881 S. 101—102).

9) Vgl. Ziff. 3 der Min.-Bekanntmachung v. 24. März 1881 (Anhang).

für die auf polizeiliche Anordnung getödteten oder nach dieser Anordnung an der Seuche gefallenen Thiere können im weiteren Verfahren weder von Amtswegen geändert, noch angefochten werden." — S. v. V. E. Bd. XI. S. 364. (13. IX. 89).

„Verzugszinsen aus einer Entschädigungssumme für auf amtliche Anordnung getödtetes Vieh können aus der Zeit, welche vor die rechtskräftige Entscheidung über den Entschädigungsanspruch fällt, nicht in Anspruch genommen werden." — S. v. V. E. Bd. X. S. 361. (14. I. 89).

„Der k. Fiskus ist als Betheiligter im Sinne des Art. 7 Abs. 3 des bayerischen Gesetzes vom 21. März 1881, die Ausführung des Reichsgesetzes vom 23. Juni 1880 über die Abwehr und Unterdrückung von Viehseuchen betr., zu erachten und daher zur Beschwerdeführung gegen die Beschlüsse der Kreisregierungen über die Entschädigungspflicht des Staates berechtigt." — S. v. V. E. Bd. IV. S. 104. (20. VI. 82).

„Die Beschlußfassung der Kreisregierungen, Kammern des Innern, über die Entschädigungspflicht des Staates auf Grund des angeführten Reichsgesetzes hat gebührenfrei zu erfolgen." — S. v. V. E. Bd. IV. S. 188. (17. X. 82).

Die Modifikation in Abs. 2 gegenüber Art. 5 Abs. 2 und Art. 6 Abs. 3 des Ausf.-Ges. ist begründet, „da es sich bei Milzbrand aus seuchenpolizeilichen Rücksichten um eine vollständige und möglichst rasche Vernichtung des Thierkadavers handelt." (Mot.)

Art. 6.

Die k. Staatsministerien des Innern und der Finanzen werden ermächtigt, den Besitzern jener Rinder und Pferde, welche zu einem in Bayern gelegenen landwirthschaftlichen Betriebe gehören, sich zeitweise auf Weiden oder im landwirthschaftlichen Betriebe im benachbarten Grenzgebiete befinden und welche dortselbst nachweislich in Folge von Milzbrand gefallen sind oder getödtet wurden, auf Ansuchen eine theilweise Vergütung des hiedurch entstandenen Schadens aus der Staatskasse zu gewähren.

Anm. Ebenfalls neu von der Kammer der Abgeordneten eingestellt. Vgl. Anm. zu Art. 4 Abs. 2.

Der Viehbesitzer hat demnach keinen Rechtsanspruch auf Entschädigung wie nach Art. 1, sondern es entscheidet über Gewährung und Höhe dieser theilweisen Vergütung das billige Ermessen der beiden kgl. Staatsministerien.

Die Vergütung wird nur auf Ansuchen gewährt; das Gesuch ist mit den für die Feststellung der Seuche, der Identität des gefallenen Thieres u. s. w. erforderlichen Nachweisen (Zeugnisse glaubwürdiger Personen, Gutachten eines Sachverständigen [Thierarztes] über den Befund ꝛc.) zu belegen.

Art. 7.

Gegenwärtiges Gesetz tritt mit dem 1. Juli 1892 in Kraft.

Anm. Die Vollzugsbestimmungen siehe S. 51 ff.

Gegeben zu München, den 26. Mai 1892.

Luitpold,

Prinz von Bayern,
des Königreiches Bayern Verweser.

Frhr. v. Crailsheim. Dr. **Frhr. v. Riedel.** **Frhr. v. Feilitzsch.**
Frhr. v. Leonrod. **v. Safferling.** Dr. **v. Müller.**

Auf Allerhöchsten Befehl:
Der Regierungsrath
im k. Staatsministerium des Innern:
Rasp.

Anhang.

I. Auszug
aus dem Reichsgesetze vom 23. Juni 1880, die Abwehr und Unterdrückung von Viehseuchen betr.
(Reichsgesetzblatt 1880 Nr. 16 S. 153 ff.)

§ 1.

Das nachstehende Gesetz regelt das Verfahren zur Abwehr und Unterdrückung übertragbarer Seuchen der Hausthiere, mit Ausnahme der Rinderpest.

Als verdächtige Thiere gelten im Sinne des Gesetzes:

Thiere, an welchen sich Erscheinungen zeigen, die den Ausbruch einer übertragbaren Seuche befürchten lassen (der Seuche verdächtige Thiere);

Thiere, an welchen sich solche Erscheinungen zwar nicht zeigen, rücksichtlich deren jedoch die Vermuthung vorliegt, daß sie den Ansteckungsstoff aufgenommen haben (der Ansteckung verdächtige Thiere).

§ 2.

Die Anordnung der Abwehr- und Unterdrückungsmaßregeln und die Leitung des Verfahrens liegt den Landesregierungen und deren Organen ob.

Zur Leitung des Verfahrens können besondere Kommissare bestellt werden.

Die Mitwirkung der Thierärzte, welche vom Staate angestellt sind oder deren Anstellung vom Staate bestätigt ist (beamtete Thierärzte), richtet sich nach den Vorschriften dieses Gesetzes. An Stelle derselben können im Falle ihrer Behinderung oder aus sonstigen dringenden Gründen andere approbirte Thierärzte zugezogen werden. Die letzteren sind innerhalb des ihnen ertheilten Auftrages befugt und verpflichtet, diejenigen Amtsverrichtungen wahrzunehmen, welche in diesem Gesetze den beamteten Thierärzten übertragen sind.

Die näheren Bestimmungen über das Verfahren, über die Zuständigkeit der Behörden und Beamten und über die Bestreitung der durch das Verfahren entstehenden Kosten sind von den Einzelstaaten zu treffen.

§ 5.

Die Behörden der Bundesstaaten sind verpflichtet, sich bei Ausführung der Maßregeln zur Abwehr und Unterdrückung der Seuchen gegenseitig zu unterstützen.

§ 6.

Die Einfuhr von Thieren, welche an einer übertragbaren Seuche leiden, ist verboten.

§ 7.

Wenn in dem Auslande eine übertragbare Seuche der Hausthiere in einem für den inländischen Viehbestand bedrohlichen Umfange herrscht oder ausbricht, so kann

1. die Einfuhr lebender oder todter Thiere aus dem von der Seuche heimgesuchten Auslande allgemein oder für bestimmte Grenzstrecken verboten oder solchen Beschränkungen unterworfen werden, welche die Gefahr einer Einschleppung ausschließen oder vermindern;
2. der Verkehr mit Thieren im Grenzbezirk solchen Bestimmungen unterworfen werden, welche geeignet sind, im Falle der Einschleppung einer Weiterverbreitung der Seuche vorzubeugen.

Die Einfuhr- und Verkehrsbeschränkungen sind, soweit erforderlich, auch auf die Einfuhr von thierischen Rohstoffen und von allen solchen Gegenständen auszudehnen, welche Träger des Ansteckungsstoffes sein können.

Von dem Erlasse, der Aufhebung oder Veränderung einer Einfuhr- oder Verkehrsbeschränkung ist unverzüglich dem Reichskanzler Mittheilung zu machen.

Die verfügten Einfuhr- oder Verkehrsbeschränkungen sind ohne Verzug öffentlich bekannt zu machen.

§ 8.

Gewinnt die Seuche in einem Nachbarlande eine bedrohliche Ausdehnung, so kann für die Grenzbezirke eine Revision des vorhandenen Viehbestandes und eine regelmäßige Kontrole über den Ab- und Zugang der durch die Seuche gefährdeten Thiere angeordnet werden.

§ 9.

Der Besitzer von Hausthieren ist verpflichtet, von dem Ausbruche einer der in § 10 angeführten Seuchen unter seinem Viehstande und von allen verdächtigen Erscheinungen bei demselben, welche den Ausbruch einer solchen Krankheit befürchten lassen, sofort der Polizeibehörde Anzeige zu machen, auch das Thier von Orten, an welchen die Gefahr der Ansteckung fremder Thiere besteht, fern zu halten.

Die gleichen Pflichten liegen demjenigen ob, welcher in Vertretung des Besitzers der Wirthschaft vorsteht, ferner bezüglich der auf dem Transporte befindlichen Thiere dem Begleiter derselben und bezüglich der in fremdem Gewahrsam befindlichen Thiere dem Besitzer der betreffenden Gehöfte, Stallungen, Koppeln oder Weiden.

Zur sofortigen Anzeige sind auch die Thierärzte und alle diejenigen Personen verpflichtet, welche sich gewerbsmäßig mit der Ausübung der Thierheilkunde beschäftigen, ingleichen die Fleischbeschauer, sowie diejenigen, welche gewerbsmäßig mit der Beseitigung, Verwerthung oder Bearbeitung thierischer Kadaver oder thierischer Bestandtheile sich beschäftigen, wenn sie, bevor ein polizeiliches Einschreiten stattgefunden hat, von dem Ausbruche einer der nachbenannten Seuchen oder von Erscheinungen unter dem Viehstande, welche den Verdacht eines Seuchenausbruchs begründen, Kenntniß erhalten.

§ 10.

Die Seuchen, auf welche sich die Anzeigepflicht (§ 9) erstreckt, sind folgende:

1. der Milzbrand;
2. die Tollwuth;
3. der Rotz (Wurm) der Pferde, Esel, Maulthiere und Maulesel;
4. die Maul- und Klauenseuche des Rindviehs, der Schafe, Ziegen und Schweine;
5. die Lungenseuche des Rindviehs;
6. die Pockenseuche der Schafe;
7. die Beschälseuche der Pferde und der Bläschenausschlag der Pferde und des Rindviehs;
8. die Räude der Pferde, Esel, Maulthiere, Maulesel und der Schafe.

Der Reichskanzler ist befugt, die Anzeigepflicht vorübergehend auch für andere Seuchen einzuführen.

§ 11.

Die Landesregierungen sind ermächtigt, für solche Bezirke, in welchen sich der Milzbrand ständig zeigt, von der Anzeigepflicht (§ 9) insoweit zu entbinden, als die Seuche nur vereinzelt auftritt. In diesem Falle müssen die Schutzmaßregeln nach Maßgabe des Gesetzes und der Ausführungs-Instruktion (§ 30) allgemein vorgeschrieben werden.

§ 16.

In allen Fällen, in welchen dem beamteten Thierarzte die Feststellung des Krankheitszustandes eines verdächtigen Thieres obliegt, ist es dem Besitzer desselben unbenommen, auch seinerseits einen approbirten Thierarzt zu diesen Untersuchungen zuzuziehen. Die Anordnung und die Ausführung der Schutzmaßregeln wird hierdurch nicht aufgehalten.

Die vorgesetzte Behörde hat jedoch im Falle erheblicher Meinungsverschiedenheit zwischen dem beamteten Thierarzte und dem von dem Besitzer zugezogenen approbirten Thierarzte über den Ausbruch oder Verdacht einer Seuche, oder wenn aus sonstigen Gründen erhebliche Zweifel über die

Richtigkeit der Angaben des beamteten Thierarztes obwalten, sofort ein thierärztliches Obergutachten einzuziehen und dem entsprechend das Verfahren zu regeln.

§ 18.

Im Falle der Seuchengefahr (§ 14) und für die Dauer derselben können, vorbehaltlich der in diesem Gesetze rücksichtlich einzelner Seuchen ertheilten besonderen Vorschriften, je nach Lage des Falles und nach der Größe der Gefahr, unter Berücksichtigung der betheiligten Verkehrsinteressen die nachfolgenden Schutzmaßregeln (§§ 19 bis 29) polizeilich angeordnet werden.

Beschwerden des Besitzers über die von der Polizeibehörde angeordneten Schutzmaßregeln haben keine aufschiebende Wirkung.

§ 19.

1. Die Absonderung, Bewachung oder polizeiliche Beobachtung der an der Seuche erkrankten und der verdächtigen Thiere.

Der Besitzer eines der Absonderung oder polizeilichen Beobachtung unterworfenen Thieres ist verpflichtet, auf Erfordern solche Einrichtungen zu treffen, daß das Thier für die Dauer der Absonderung oder Beobachtung die für dasselbe bestimmte Räumlichkeit (Stall, Standort, Hof- oder Weideraum u. s. w.) nicht verlassen kann und außer aller Berührung und Gemeinschaft mit anderen Thieren bleibt.

§ 20.

2. Beschränkungen in der Art der Benutzung, der Verwerthung oder des Transports kranker oder verdächtiger Thiere, der von denselben stammenden Produkte oder solcher Gegenstände, welche mit kranken oder verdächtigen Thieren in Berührung gekommen oder sonst geeignet sind, die Seuche zu verschleppen.

Beschränkungen im Transport der der Seuchengefahr ausgesetzten und solcher Thiere, welche geeignet sind, die Seuche zu verschleppen.

§ 21.

3. Verbot des gemeinschaftlichen Weideganges von Thieren aus verschiedenen Stallungen und der Benutzung bestimmter Weideflächen, ferner der gemeinschaftlichen Benutzung von Brunnen, Tränken und Schwemmen und des Verkehrs mit seuchenkranken oder verdächtigen Thieren auf öffentlichen oder gemeinschaftlichen Straßen und Triften.

Verbot des freien Umherlaufens der Hunde.

§ 22.

4. Die Sperre des Stalles oder sonstigen Standortes seuchenkranker oder verdächtiger Thiere, des Gehöfts, des Orts, der Weide oder der Feldmark gegen den Verkehr mit Thieren und mit solchen Gegenständen, welche Träger des Ansteckungsstoffes sein können.

Die Sperre des Gehöfts, des Orts, der Weide oder der Feldmark darf erst dann verfügt werden, wenn der Ausbruch der Seuche durch das Gutachten des beamteten Thierarztes festgestellt ist.

Die Sperre eines Orts oder einer Feldmark ist nur dann zulässig, wenn die Seuche ihrer Beschaffenheit nach eine größere und allgemeinere Gefahr einschließt, und Thiere in größerer Zahl davon bereits befallen sind. Die Sperre kann auf einzelne Straßen oder Theile des Orts oder der Feldmark beschränkt werden.

Die polizeilich angeordnete Sperre eines Stalles oder sonstigen Standortes, eines Gehöfts oder einer Weide verpflichtet den Besitzer, diejenigen Einrichtungen zu treffen, welche zur wirksamen Durchführung der Sperre vorgeschrieben werden.

§ 23.

5. Die Impfung der der Seuchengefahr ausgesetzten Thiere, die thierärztliche Behandlung der erkrankten Thiere, sowie Beschränkungen in der Befugniß zur Vornahme von Heilversuchen.

Die Impfung oder die thierärztliche Behandlung darf nur in den Fällen angeordnet werden, welche in diesem

Gesetze ausdrücklich bezeichnet sind, und zwar nach Maßgabe der daselbst ertheilten näheren Vorschriften.

Die polizeilich angeordnete Impfung erfolgt unter Aufsicht des beamteten Thierarztes oder durch denselben.

§ 24.

6. Die Tödtung der an der Seuche erkrankten oder verdächtigen Thiere.

Dieselbe darf nur in den Fällen angeordnet werden, welche in diesem Gesetze ausdrücklich vorgesehen sind.

Die Vorschrift unverzüglicher Tödtung der an einer Seuche erkrankten oder verdächtigen Thiere findet, wo sie in diesem Gesetze enthalten ist, keine Anwendung auf solche Thiere, welche einer der Staatsaufsicht unterworfenen höheren Lehranstalt übergeben sind, um dort für die Zwecke derselben verwendet zu werden.

§ 25.

Werden Thiere, welche bestimmten Verkehrs- oder Nutzungsbeschränkungen oder der Absperrung unterworfen sind, in verbotwidriger Benutzung oder außerhalb der ihnen angewiesenen Räumlichkeit, oder an Orten, zu welchen ihr Zutritt verboten ist, betroffen, so kann die Polizeibehörde die sofortige Tödtung derselben anordnen.

§ 26.

7. Die unschädliche Beseitigung der Kadaver solcher Thiere, welche an der Seuche verendet, in Folge der Seuche oder in Folge des Verdachts getödtet sind, und solcher Theile des Kadavers kranker oder verdächtiger Thiere, welche zur Verschleppung der Seuche geeignet sind (Fleisch, Häute, Eingeweide, Hörner, Klauen u. s. w.), endlich der Streu, des Düngers oder anderer Abfälle kranker oder verdächtiger Thiere.

§ 27.

8. Die Unschädlichmachung (Desinfektion) der von den kranken oder verdächtigen Thieren benutzten Ställe und Standorte und die Unschädlichmachung oder unschädliche Beseitigung der mit denselben in Berührung gekommenen Ge-

räthschaften und sonstigen Gegenstände, insbesondere auch der Kleidungsstücke solcher Personen, welche mit den kranken Thieren in Berührung gekommen sind.

Erforderlichenfalls kann auch die Desinfizirung der Personen, welche mit seuchenkranken Thieren in Berührung gekommen sind, angeordnet werden.

Die Durchführung dieser Maßregeln muß nach Anordnung des beamteten Thierarztes und unter polizeilicher Ueberwachung erfolgen.

§ 28.

9. Die Einstellung der Vieh- und Pferdemärkte, sowie der öffentlichen Thierschauen innerhalb des Seuchenortes oder dessen Umgegend oder der Ausschluß einzelner Viehgattungen von der Benutzung der Märkte.

§ 29.

10. Die thierärztliche Untersuchung der am Seuchenorte oder in dessen Umgegend vorhandenen, von der Seuche gefährdeten Thiere.

§ 31.

Thiere, welche am Milzbrande erkrankt oder dieser Seuche verdächtig sind, dürfen nicht geschlachtet werden.

§ 32.

Die Vornahme blutiger Operationen an milzbrandkranken oder der Seuche verdächtigen Thieren ist nur approbirten Thierärzten gestattet.

Eine Oeffnung des Kadavers darf ohne polizeiliche Erlaubnis nur von approbirten Thierärzten vorgenommen werden.

§ 33.

Die Kadaver gefallener oder getödteter milzbrandkranker oder der Seuche verdächtiger Thiere müssen sofort unschädlich beseitigt werden.

Die Abhäutung derselben ist verboten.

Die gleichen Vorschriften finden beim Ausbruche des Milzbrandes unter Wildständen auf die Kadaver des gefallenen oder getödteten Wildes Anwendung.

§ 57.

Für die auf polizeiliche Anordnung getödteten oder nach dieser Anordnung an der Seuche gefallenen Thiere muß vorbehaltlich der in diesem Gesetze bezeichneten Ausnahmen eine Entschädigung gewährt werden.

§ 58.

Die Bestimmungen darüber:

1. von wem die Entschädigung zu gewähren und wie dieselbe aufzubringen ist,
2. wie die Entschädigung im einzelnen Falle zu ermitteln und festzustellen ist,

sind von den Einzelstaaten zu treffen.

Die in dieser Hinsicht in den Einzelstaaten bereits bestehenden Vorschriften bleiben unberührt. Insoweit solche Vorschriften nicht entgegenstehen, sind die Landesregierungen befugt, zu bestimmen, daß die Entschädigung für getödtete Pferde und Rinder bis zum Eintritt einer anderweiten landesverfassungsmäßigen Regelung durch Beiträge der Besitzer von Pferden und Rindvieh nach Maßgabe der über die Vertheilung und Erhebung der Beiträge von der Landesregierung zu treffenden näheren Anordnung aufgebracht werden.

In allen Fällen sollen jedoch die Vorschriften der §§ 59 bis 64 dieses Gesetzes dabei maßgebend sein.

§ 59.

Als Entschädigung soll der gemeine Werth des Thieres gewährt werden, ohne Rücksicht auf den Minderwerth, welchen das Thier dadurch erleidet, daß es mit der Seuche behaftet ist. Bei den mit der Rotzkrankheit behafteten Thieren hat jedoch die Entschädigung $^3/_4$, bei dem mit der Lungenseuche behafteten Rindvieh $^4/_5$ des so berechneten Werths zu betragen.

Auf die zu leistende Entschädigung werden angerechnet:

1. die aus Privatverträgen zahlbare Versicherungssumme, und zwar bei Rotz zu drei Viertel, bei Lungenseuche zu vier Fünfteln, in allen anderen Fällen zum vollen Betrage;

2. der Werth derjenigen Theile des getödteten Thieres, welche dem Besitzer nach Maßgabe der polizeilichen Anordnungen zur Verfügung bleiben.

§ 60.

Die zu leistende Entschädigung wird, sofern ein anderer Berechtigter nicht bekannt ist, demjenigen gezahlt, in dessen Gewahrsam oder Obhut sich das Thier zur Zeit der Tödtung befand.

Mit dieser Zahlung ist jeder Entschädigungsanspruch Dritter erloschen.

§ 61.

Keine Entschädigung wird gewährt:

1. für Thiere, welche dem Reich, den Einzelstaaten oder zu den landesherrlichen Gestüten gehören;
2. für Thiere, welche, der Vorschrift des § 6 zuwider, mit der Krankheit behaftet in das Reichsgebiet eingeführt sind;
3. für Thiere, bei welchen nach ihrer Einführung in das Reichsgebiet innerhalb 90 Tagen die Rotzkrankheit oder innerhalb 180 Tagen die Lungenseuche festgestellt wird, wenn nicht der Nachweis erbracht wird, daß die Ansteckung der Thiere erst nach Einführung derselben in das Reichsgebiet stattgefunden hat.

§ 62.

Die Gewährung einer Entschädigung kann versagt werden:

1. für Thiere, welche mit einer ihrer Art oder dem Grade nach unheilbaren und unbedingt tödtlichen Krankheit, mit Ausnahme jedoch des Rotzes und der Lungenseuche, behaftet waren;
2. für das in Schlachtviehhöfen oder in öffentlichen Schlachthäusern aufgestellte, auf polizeiliche Anordnung geschlachtete oder getödtete Schlachtvieh;
3. für Hunde und Katzen, welche aus Anlaß der Tollwuth getödtet sind (§ 34, 37 Abs. 1, 38).

§ 63.

Der Anspruch auf Entschädigung fällt weg:

1. wenn der Besitzer der Thiere oder der Vorsteher der Wirthschaft, welcher die Thiere angehören, vorsätzlich oder fahrlässig, oder der Begleiter der auf dem Transporte befindlichen Thiere, oder bezüglich der in fremdem Gewahrsam befindlichen Thiere, der Besitzer des Gehöfts, der Stallung, Koppel oder Weide vorsätzlich, den Vorschriften der §§ 9 und 10 zuwider, die Anzeige vom Ausbruche der Seuche oder vom Seuchenverdacht unterläßt, oder länger als 24 Stunden nach erhaltener Kenntniß verzögert;
2. wenn der Besitzer eines der Thiere mit der Seuche behaftet gekauft oder durch ein anderes Rechtsgeschäft unter Lebenden erworben hat und von diesem kranken Zustande beim Erwerbe des Thieres Kenntniß hatte;
3. im Falle des § 25, oder wenn dem Besitzer oder dessen Vertreter die Nichtbefolgung oder Uebertretung der polizeilich angeordneten Schutzmaßregeln zur Abwehr der Seuchengefahr zur Last fällt.

II. Auszug

aus dem bayerischen Gesetze vom 21. März 1881, die Ausführung des Reichsgesetzes über die Abwehr und Unterdrückung von Viehseuchen betreffend.

(Gesetz- und Verordnungsblatt Nr. 11 S. 123 ff.)

Art. 1.

Die nach Maßgabe des Reichsgesetzes vom 23. Juni 1880, betreffend die Abwehr und Unterdrückung von Viehseuchen, und in Gemäßheit des gegenwärtigen Gesetzes zu leistende Entschädigung für die auf polizeiliche Anordnung getödteten oder nach dieser Anordnung an der Seuche gefallenen Thiere wird von der Staatskasse gewährt.

Art. 2.

Außer den in §§ 61 und 63 des Reichsgesetzes bezeichneten Ausnahmen von der Entschädigungspflicht wird auch in den Fällen des § 62 des Reichsgesetzes eine Entschädigung nicht gewährt.

Art. 3.

Soweit nicht feststeht, daß in Gemäßheit des Art. 2 eine Entschädigung überhaupt nicht gewährt wird, muß behufs Ermittlung derselben der gemeine Werth des Thieres, sowie der Werth der dem Besitzer etwa zur Verfügung bleibenden Theile desselben durch Schätzung festgestellt werden.

Der Werth des Thieres ist thunlichst noch vor der Tödtung, der Werth der Theile sogleich nach Feststellung des Krankheitszustandes desselben (Art. 6) abzuschätzen.*)

---

*) Vgl. Anm. zu Art. 5, oben S. 16 f.

III. Auszug

aus der **Instruktion des Bundesraths** v. 12. Februar 1881 zur **Ausführung der §§ 19 bis 29 des Gesetzes vom 23. Juni 1880, betr. die Abwehr und Unterdrückung von Viehseuchen.**

---

§ 5. Ist der Milzbrand oder der Verdacht des Milzbrandes bei Thieren festgestellt (§ 12 des Gesetzes), so hat die Polizeibehörde die Absonderung, erforderlichenfalls auch die Bewachung der milzbrandkranken oder der Seuche verdächtigen (§ 1 Abs. 2 des Gesetzes) Thiere anzuordnen (§ 19 des Gesetzes).

§ 6. Erfolgt die Ermittelung des Seuchenausbruchs oder des Seuchenverdachts in Abwesenheit des leitenden Polizeibeamten, so hat der beamtete Thierarzt (§ 2 Abs. 3 des Gesetzes) die sofortige Absonderung der milzbrandkranken oder der Seuche verdächtigen Thiere vorläufig anzuordnen. Von einer solchen durch ihn getroffenen Anordnung, welche dem Besitzer der Thiere oder dessen Vertreter entweder zu Protokoll oder durch schriftliche Verfügung zu eröffnen ist, hat der beamtete Thierarzt der Polizeibehörde sofort eine Anzeige zu machen.

§ 7. Die Polizeibehörde und der beamtete Thierarzt haben dafür Sorge zu tragen, daß der Besitzer der milzbrandkranken oder der Seuche verdächtigen Thiere, beziehentlich der Vertreter des Besitzers, auf die Uebertragbarkeit des Milzbrandes auf Menschen und auf die gefährlichen Folgen eines unvorsichtigen Verkehrs mit den erkrankten Thieren und der Benutzung ihrer Produkte aufmerksam gemacht wird.

Personen, welche Verletzungen an den Händen oder an anderen unbedeckten Körpertheilen haben, dürfen zur Wartung der erkrankten Thiere nicht verwendet werden.

Unbefugten Personen ist der Zutritt zu den für die kranken oder der Seuche verdächtigen Thiere bestimmten Räumlichkeiten nicht zu gestatten.

§ 8. Thiere, welche am Milzbrande erkrankt oder dieser Seuche verdächtig sind, dürfen nicht geschlachtet werden (§ 31 des Gesetzes).

Jeder Verkauf oder Verbrauch einzelner Theile, der Haare, der Wolle, der Milch oder sonstiger Produkte von milzbrandkranken oder der Seuche verdächtigen Thieren ist zu verbieten.

§ 9. Wenn in einem weniger als 20 Stück enthaltenden Rindvieh- oder Schafviehbestande eines Gehöftes innerhalb acht Tagen mehr als ein Thier am Milzbrand erkrankt, so dürfen innerhalb der nächstfolgenden 14 Tage Thiere des betreffenden Bestandes ohne polizeiliche Erlaubniß weder todt noch lebend über die Grenzen der Feldmark ausgeführt werden.

Dieselbe Vorschrift findet Anwendung auf die Thiere eines 20 oder mehr Stück enthaltenden Rindvieh- oder Schafviehbestandes eines Gehöftes, sowie auf die Thiere einer aus Rindern oder Schafen mehrerer Gehöfte bestehenden Heerde, wenn in dem Bestande beziehentlich in der Heerde innerhalb

8 Tagen mehr als der zehnte Theil am Milzbrand erkrankt. Wird die Erlaubniß zur Ueberführung der Thiere in einen anderen Polizeibezirk ertheilt, so ist die betreffende Polizeibehörde von der Sachlage in Kenntniß zu setzen.

§ 10. Die Vornahme blutiger Operationen an milzbrandkranken oder der Seuche verdächtigen Thieren ist nur approbirten Thierärzten gestattet und darf erst nach der erfolgten Absonderung der Thiere stattfinden.

Eine Oeffnung des Kadavers darf ohne polizeiliche Erlaubniß nur von approbirten Thierärzten vorgenommen werden (§ 32 des Gesetzes).

§ 11. Die Kadaver gefallener oder getödteter milzbrandkranker oder der Seuche verdächtiger Thiere müssen durch Anwendung hoher Hitzegrade (Kochen bis zum Zerfall der Weichtheile, trockene Destillation, Verbrennen) oder sonst auf chemischem Wege sofort unschädlich beseitigt werden. Die hierdurch gewonnenen Produkte können frei verwendet werden.

Wo ein derartiges Verfahren nicht ausführbar ist, erfolgt die Beseitigung der Kadaver durch Vergraben, nachdem die Haut durch mehrfaches Zerschneiden unbrauchbar gemacht und die Kadaver mit roher Karbolsäure, Theer oder Petroleum begossen worden sind.

Zur Vergrabung der Kadaver sind solche Stellen auszuwählen, welche von Pferden, Wiederkäuern und Schweinen nicht betreten werden und an welchen Viehfutter weder gewonnen noch vorübergehend aufbewahrt wird.

Die Gruben sind von Gebäuden mindestens 30 m, von Wegen und Gewässern mindestens 3 m entfernt und so tief anzulegen, daß die Oberfläche der Kadaver von einer unterhalb des Randes der Grube mindestens 1 m starken Erdschicht bedeckt wird.

Die Abhäutung der Kadaver ist verboten (§ 33 des Gesetzes).

§ 12. Bis zu ihrer unschädlichen Beseitigung sind die Kadaver so aufzubewahren, daß ihre Berührung durch andere Thiere verhindert wird.

Auch kann die Bewachung der Kadaver von der Polizeibehörde angeordnet werden.

Beim Transport müssen die Kadaver so bedeckt sein, daß kein Körpertheil sichtbar ist.

Die Transportmittel (Wagen, Karren, Schleifen) müssen so eingerichtet sein, daß eine Verschüttung von Blut, blutigen Abgängen oder Exkrementen nicht erfolgen kann.

§ 13. Die Vorschriften der §§ 11 und 12 finden auch beim Ausbruch des Milzbrandes unter Wildständen auf die Kadaver des gefallenen oder getödteten Wildes Anwendung.

§ 14. Exkremente, Blut und andere Abfälle von milzbrandkranken oder am Milzbrand gefallenen Thieren, die Streu und der durch Auswurfstoffe kranker oder gefallener Thiere verunreinigte Dünger müssen sorgfältig gesammelt und verbrannt oder, wie die Kadaver, vergraben werden.

Die durch Abfälle milzbrandkranker oder am Milzbrand gefallener Thiere verunreinigten Fußböden, Stallwände, Ständer, Krippen, Tröge u. s. w., desgleichen die Stallgeräthschaften und die zum Transport der Kadaver benutzten Fuhrwerke oder Schleifen müssen ohne Verzug nach Anordnung des beamteten Thierarztes und unter polizeilicher Ueberwachung desinfizirt werden (§ 27 des Gesetzes).

§ 15. In denjenigen Bezirken, für welche auf Grund der Bestimmung im § 11 des Gesetzes die Anzeigepflicht bezüglich des Milzbrandes von der Landesregierung für vereinzelte Fälle erlassen ist, müssen die Schutzmaßregeln von der Polizeibehörde allgemein vorgeschrieben und durch amtliche Publikation zur öffentlichen Kenntniß gebracht werden.

Zugleich ist auf die Uebertragbarkeit des Milzbrandes auf Menschen und auf die gefährlichen Folgen eines unvorsichtigen Verkehrs mit milzbrandkranken oder der Seuche verdächtigen Thieren und einer Benutzung ihrer Produkte aufmerksam zu machen.

Die angeordneten Schutzmaßregeln müssen von dem Besitzer der Thiere oder dessen Stellvertreter beim Ausbruch des Milzbrandes oder beim Auftreten verdächtiger Erscheinungen ausgeführt werden, ohne daß es in jedem Falle der Seuche der Zuziehung des beamteten Thierarztes bedarf (§ 15 des Gesetzes).

Königlich Allerhöchste Verordnung,

den Vollzug des Reichsgesetzes über die Abwehr und Unterdrückung von Viehseuchen vom 23. Juni 1880, und des bayerischen Ausführungsgesetzes hiezu vom 21. März 1881 betreffend.

(Gesetz- und Verordnungsblatt 1881, Nr. 11 S. 129—133.)

Ludwig II.,

von Gottes Gnaden König von Bayern, Pfalzgraf bei Rhein, Herzog von Bayern, Franken und in Schwaben &c. &c.

Wir finden Uns bewogen, zum Vollzuge des Reichsgesetzes über die Abwehr und Unterdrückung von Viehseuchen vom 23. Juni 1880 und des bayerischen Ausführungsgesetzes hiezu vom 21. März 1881 zu verordnen, was folgt:

§ 1.

Die Anordnung der im Vollzuge des Reichsgesetzes vom 23. Juni 1880 zu treffenden Maßregeln zur Abwehr und Unterdrückung übertragbarer Seuchen der Hausthiere obliegt unter der obersten Aufsicht Unseres Staatsministeriums des Innern den Kreisregierungen, Kammern des Innern, sowie den Distrikts- und Ortspolizeibehörden.

§ 2.

Beamtete Thierärzte im Sinne des Reichsgesetzes sind der Landesthierarzt, die Kreis- und Bezirksthierärzte und diejenigen städtischen Thierärzte, deren Aufstellung von Unserem Staatsministerium des Innern bestätigt ist.

Das in § 14 und § 16 Abs. 2 des Reichsgesetzes bezeichnete thierärztliche Obergutachten ist von dem Kreisthierarzte, und wenn letzterer in seiner Eigenschaft als Bezirksthierarzt das erste Gutachten erstattet hat, vom Landesthierarzte abzugeben, soweit nicht die Bestimmung in Art. 6 Abs. 4 des Gesetzes vom 21. März 1881 Anwendung findet.

§ 3.

Die in § 9 des Reichsgesetzes vorgeschriebene Anzeige von dem Ausbruche einer Seuche oder von seucheverdächtigen Erscheinungen ist an die Ortspolizeibehörde zu richten.

Die in § 11 dortselbst ertheilte Ermächtigung, von der Anzeigepflicht zu entbinden, wird den Kreisregierungen, Kammern des Innern, übertragen.*)

§ 4.

Sobald die Ortspolizeibehörde auf irgend einem Wege von dem Ausbruche einer Seuche oder von dem Verdachte eines Seuchenausbruches Kenntniß erhält, hat dieselbe hievon der vorgesetzten Distriktspolizeibehörde alsbald Anzeige zu erstatten und erforderlichen Falles die sofortige vorläufige Einsperrung und Absonderung der erkrankten und verdächtigen Thiere, nöthigenfalls auch die Bewachung derselben anzuordnen.

Die Zuziehung des beamteten Thierarztes zur Untersuchung des Seuchenfalles (§ 12 Abs. 1 des Reichsgesetzes) erfolgt durch die Distriktspolizeibehörde.

§ 5.

Die in dem Reichsgesetze und in der vom Bundesrathe erlassenen Ausführungsinstruktion vom 12. Februar 1881 den Polizeibehörden und höheren Polizeibehörden überwiesenen Obliegenheiten werden, soweit nicht das Gesetz vom 21. März 1881 und die gegenwärtige Verordnung anders bestimmen oder gemäß § 2 Abs. 2 des Reichsgesetzes besondere Kommissare

---

*) Abs. 2 aufgehoben durch die Verordnung vom 10. Juni 1892 (Siehe S. 51).

bestellt werden, von den Distriktspolizeibehörden — in Unserer Haupt- und Residenzstadt München nach Maßgabe der jeweils bestehenden Kompetenzausscheidung von der Polizeidirektion und dem Magistrate — wahrgenommen.

Die Ortspolizeibehörden haben den Vollzug der getroffenen Anordnungen zu überwachen.

In dringenden Fällen können die in den §§ 19 bis 22 des Reichsgesetzes vorgesehenen Schutzmaßregeln auf Antrag des beamteten Thierarztes vorsorglich auch von der Ortspolizeibehörde angeordnet werden.

Die Leitung von Obduktionen (Anlage B zur Ausführungsinstruktion § 1) kann der Ortspolizeibehörde übertragen werden. In wichtigeren Fällen ist die Obduktion durch einen Beamten der Distriktspolizeibehörde zu leiten.

Gegen die Anordnungen der Polizeibehörde oder des bestellten Kommissars findet die Beschwerde bei den vorgesetzten Polizeibehörden und Stellen, in letzter Instanz bei Unserem Staatsministerium des Innern statt. Für die Einbringung der Beschwerden gilt eine unerstreckliche Frist von vierzehn Tagen.

§ 6.

Die eidliche Verpflichtung der bürgerlichen Mitglieder der Schätzungskommission (Art. 4 Abs. 1 und Art. 5 Abs. 1 des Gesetzes vom 21. März 1881) erfolgt durch die Distriktspolizeibehörde oder durch die von der letzteren hiemit beauftragte Ortspolizeibehörde. Sind die genannten Sachverständigen ein für allemal verpflichtet, so genügt im einzelnen Falle die Hinweisung auf den geleisteten Eid.

§ 7.

Der Anordnung der Kreisregierungen, Kammern des Innern, sind folgende Schutzmaßregeln vorbehalten:

1) Die Tödtung verdächtiger Thiere gemäß §§ 42 und 45 des Reichsgesetzes; hiezu ist jedoch, falls die Tödtung größerer Bestände von Pferden oder Rindvieh in Frage ist, die Genehmigung Unseres Staatsministeriums des Innern zu erholen;

2) die thierärztliche Untersuchung der Pferde vor der Zulassung zur Begattung im Falle des § 51 des Reichsgesetzes.

§ 8.

Die in den §§ 7 und 8 des Reichsgesetzes bezeichneten Maßnahmen zur Abwehr der Einschleppung von Seuchen aus dem Auslande werden veranlaßten Falles von Unserem Staatsministerium des Innern verfügt werden.

§ 9.

Die auf Grund des § 7 des Reichsgesetzes verfügten Einfuhr- und Verkehrsbeschränkungen sind unverzüglich durch das Gesetz- und Verordnungsblatt, sowie durch die betreffenden Kreisamtsblätter zu veröffentlichen und in sämmtlichen Gemeinden des betheiligten Grenzbezirkes in ortsüblicher Weise bekannt zu machen. Von dem Erlasse, der Aufhebung und der Veränderung solcher Maßregeln ist zugleich den benachbarten ausländischen Behörden Kenntniß zu geben. Die in § 7 Abs. 3 des Reichsgesetzes vorgeschriebene Mittheilung an den Reichskanzler erfolgt durch Unser Staatsministerium des Innern.

§ 10.

In den einer geregelten veterinärpolizeilichen Kontrole unterstellten Schlachtviehhöfen und öffentlichen Schlachthäusern werden die polizeilichen Amtsverrichtungen von derjenigen Behörde wahrgenommen, welcher die unmittelbare veterinärpolizeiliche Beaufsichtigung der betreffenden Räumlichkeiten obliegt.

Jedoch bleibt die Absperrung gegen den Abtrieb der für die Seuche empfänglichen Thiere der Anordnung der Kreisregierung, Kammer des Innern, vorbehalten; strengere Absperrungsmaßregeln bedürfen der Genehmigung Unseres Staatsministeriums des Innern.

§ 11.

Die Befugnisse, welche den Militärbehörden nach Maßgabe des § 3 Abs. 1 des Reichsgesetzes in Bezug auf die

Ermittlung und Unterdrückung von Seuchen zustehen, werden den Vorständen der militärischen Remontedepots auch rücksichtlich der dazu gehörigen Rindvieh- und Schafbestände, sowie den Vorständen der landesherrlichen und Staatsgestüte rücksichtlich der in diesen Gestüten aufgestellten Pferde übertragen.

§ 12.

Die gemäß Art. 6 Abs. 4 des Gesetzes vom 21. März 1881 zu bildende veterinärpolizeiliche Abtheilung des Obermedizinalausschusses besteht unter dem Vorsitze eines Administrativbeamten Unseres Staatsministeriums des Innern, aus dem Landesthierarzte und aus den für thierärztliche Angelegenheiten von Uns ernannten außerordentlichen Mitgliedern des Obermedizinalausschusses.

Die Beschlüsse der veterinärpolizeilichen Abtheilung werden nach Stimmenmehrheit gefaßt. Bei Stimmengleichheit entscheidet die Stimme des Vorsitzenden, welcher außerdem nicht mitstimmt.

Die veterinärpolizeiliche Abtheilung des Obermedizinal-Ausschusses tritt nur mit Unserem Staatsministerium des Innern in dienstlichen Verkehr. Anträge auf gutachtliche Einvernahme derselben sind an Unser Staatsministerium des Innern zu richten.

Im Uebrigen wird die Geschäftsführung der veterinärpolizeilichen Abtheilung des Obermedizinalausschusses durch eine von Unserem Staatsministerium des Innern zu erlassende Instruktion geregelt werden.

§ 13.

Entsteht unter den Betheiligten Streit über die Verpflichtung zur Tragung der Kosten des Verfahrens (Art. 8—13 des Gesetzes vom 21. März 1881), so entscheidet hierüber die Distriktspolizeibehörde — in Unserer Haupt- und Residenzstadt München nach Maßgabe der jeweils bestehenden Kompetenzausscheidung die Polizeidirektion oder der Magistrat — in erster Instanz. Gegen den Bescheid dieser Behörde findet innerhalb vierzehntägiger ausschließender Frist die Beschwerde an die vorgesetzte Kreisregierung, Kammer des Innern, und in letzter Instanz an Unser Staatsministerium des Innern statt.

§ 14.

Gegenwärtige Verordnung tritt am 1. April 1881 in Kraft. Von diesem Zeitpunkte an ist Unsere Verordnung vom 15. Juni 1867, Maßregeln gegen ansteckende Viehkrankheiten betreffend, aufgehoben.

München, den 23. März 1881.

Ludwig.

v. Pfeufer. v. Maillinger. v. Riedel.

Auf Königlich Allerhöchsten Befehl:
Der General-Sekretär.
An dessen Statt:
v. Kopp, Ministerialrath.

Bekanntmachung,

den Vollzug des Reichsgesetzes über die Abwehr und Unterdrückung von Viehseuchen und des bayerischen Ausführungsgesetzes hiezu betr.

(Gesetz- und Verordnungsblatt Nr. 11 S. 134 f.)

Königliche Staatsministerien des Innern und der Finanzen.

Zum Vollzuge des Reichsgesetzes vom 23. Juni 1880, betreffend die Abwehr und Unterdrückung von Viehseuchen, und des bayerischen Ausführungsgesetzes hiezu vom 21. März 1881 werden nachstehende Bestimmungen getroffen:

1. Von der in § 2 Abs. 3 des Reichsgesetzes vom 23. Juni 1880 eingeräumten Befugniß, an Stelle der beamteten Thierärzte (§ 2 Abs. 1 der Allerhöchsten Verordnung vom 23. März 1881) andere approbirte Thierärzte beizuziehen, ist außer dem Falle der Behinderung nur in dringenden Fällen Gebrauch zu machen. Hiebei ist zwar nicht ausgeschlossen, unter Umständen auch den Fall als dringend gelten zu lassen, wenn die Mitwirkung des beamteten Thierarztes — wie z. B. bei Ueberwachung von Viehmärkten durch den entfernt wohnenden Bezirksthierarzt — mit übermäßig großem Kostenaufwande verbunden wäre; immerhin darf aber die Rücksicht auf Kostenersparung nur ausnahmsweise und nur unter der Voraussetzung, daß dabei die veterinärpolizeilichen Interessen nicht gefährdet werden, zu einer Abweichung von der gesetzlichen Regel führen.

Die zugezogenen nicht beamteten Thierärzte sind, wenn sie nicht schon im Allgemeinen dienstlich verpflichtet sind, von der Distriktspolizeibehörde auf die gewissenhafte Erfüllung ihrer Obliegenheiten eidlich zu verpflichten.

2. Im Vollzuge des Art. 4 Abs. 2 des Gesetzes vom 21. März 1881 haben in den einer Kreisregierung unmittelbar untergeordneten Städten die Gemeindebevollmächtigten von drei zu drei Jahren alsbald nach dem Vollzuge der Gemeindewahlen drei Sachverständige zur Vornahme von Schätzungen zu bezeichnen.

Desgleichen haben die Distriktsräthe alsbald nach erfolgter Neuwahl je fünf Sachverständige zu bezeichnen. Bestehen innerhalb eines Bezirksamtes mehrere Distriktsgemeinden, so hat das Bezirksamt im einzelnen Falle die Auswahl aus den von sämmtlichen Distriktsräthen vorgeschlagenen Bezirksangehörigen.

Die erstmalige Bezeichnung von Sachverständigen erfolgt für die Dauer der laufenden Wahlperiode und zwar in den einer Kreisregierung unmittelbar untergeordneten Städten sogleich mit dem Inslebentreten des Reichsgesetzes vom 23. Juni 1880, durch die Distriktsräthe dagegen bei ihrem nächsten Zusammentritte.

Die jeweiligen Vorschläge bleiben solange in Geltung, bis nach dem Ablaufe der Wahlperiode neue Vorschläge erfolgt sind. Die etwa im Laufe der Wahlperiode sich ergebenden Abgänge sind erforderlichen Falles durch neue Vorschläge zu ergänzen.

Bei der Auswahl des Sachverständigen durch die Distrikts-polizeibehörde im einzelnen Falle ist einestheils auf thunlichste Verminderung der Schätzungskosten, anderntheils aber darauf Bedacht zu nehmen, daß der Schätzer völlig unbetheiligt sei.

3. Für die von den beiden bürgerlichen Mitgliedern der Schätzungskommission zu beanspruchende Vergütung für Zeitversäumniß ꝛc. (Art. 9 des Gesetzes vom 21. März 1881) ist die Bekanntmachung des k. Staatsministeriums der Finanzen vom 13. Dezember 1875, die Vergütungen der Steuerausschußmitglieder, Haussteuertaxatoren und der Schadensschätzer in Steuernachlaßsachen betreffend (Finanz-Ministerialblatt S. 339) maßgebend.

Die Gebührenansprüche des thierärztlichen Mitgliedes der Schätzungskommission bemessen sich nach den bestehenden Vorschriften über die Gebühren für die Dienstleistungen der Thierärzte.

4. In dem Verfahren über die Feststellung der Verpflichtung zur Entschädigungsleistung nach Art. 7 des Gesetzes vom 21. März 1881, sowie in jenem über die Entscheidung von Streitigkeiten nach § 13 der Allerhöchsten Verordnung vom 23. März 1881 obliegt den k. Regierungsfinanzkammern die Wahrnehmung der Interessen der Staatskasse; allenfallsige Beschwerden gegen instanzielle Beschlüsse sind von den Fiskalen zu erheben und zu vertreten.

5. Sobald die Verpflichtung der Staatskasse zur Entschädigungsleistung für getödtete Thiere rechtskräftig feststeht, hat die k. Regierung, Kammer des Innern, bei der Kammer der Finanzen die Zahlungsanweisung der Entschädigung zu veranlassen.

6. Ueber die der Staatskasse zur Last fallenden Kosten des Verfahrens hat die Distriktspolizeibehörde ein Verzeichniß

anzufertigen und dasselbe nebst den Akten der k. Regierung, Kammer des Innern, vorzulegen; letztere hat sodann die Vorlagen mit gutachtlicher Aeußerung, welche sich namentlich auch auf die von den bürgerlichen Mitgliedern der Schätzungskommission liquidirte Entschädigung für Zeitversäumniß ꝛc. (Ziff. 3 Abs. 1 oben) zu erstrecken hat, an die Kammer der Finanzen zur finanziellen Prüfung und Einweisung abzugeben.

Soferne und insoweit von der letzteren die Verpflichtung der Staatskasse zur Kostentragung beanstandet und diese Verbindlichkeit auch von dem nach der Anschauung dieser Stelle hiezu Verpflichteten abgelehnt wird, ist die Sache auf dem in § 13 der Allerhöchsten Verordnung vom 23. März 1881 bezeichneten Wege zur Entscheidung zu bringen.

7. Die Entschädigung für getödtete Thiere, sowie die treffenden Kosten des Verfahrens sind bei dem einschlägigen Rentamte zur Auszahlung und Verrechnung auf die Etatsposition „Auf Vorkehrungen gegen Epidemieen und Viehseuchen", welche für das Jahr 1881 in

§ 1 Entschädigungen für getödtete Thiere,

§ 2 Sonstige Kosten

auszuscheiden ist, einzuweisen.

8. Auf Grund des § 17 des Reichsgesetzes vom 23. Juni 1880 wird bestimmt:

Die zu Zuchtzwecken öffentlich aufgestellten Hengste sind von dem beamteten Thierarzte des betreffenden Bezirkes zu beaufsichtigen und von den Besitzern unmittelbar vor Beginn der Deckzeit und sodann während derselben in Zwischenräumen von vierzehn Tagen, vom Tage der letzten Visitation an gerechnet, der Untersuchung des zuständigen beamteten Thierarztes zu unterstellen.

Werden solche Zuchthengste im Umherziehen in mehreren Bezirken verwendet, so unterliegen sie gleicher Beaufsichtigung und Untersuchung des beamteten Thierarztes desjenigen Bezirkes, in welchem sie sich jeweils befinden.

Ueber die Vornahme der Untersuchung wird von dem beamteten Thierarzte dem Hengstbesitzer eine Bescheinigung ausgestellt, welche dieser bei dem Betriebe des Beschälgeschäftes stets mit sich zu führen hat.

9. In der Anlage wird eine gemeinfaßliche Belehrung über die in § 10 des Reichsgesetzes vom 23. Juni 1880 aufgeführten ansteckenden Krankheiten der Hausthiere zu dem Zwecke mitgetheilt, damit die Ortspolizeibehörden in der Lage sind, hiernach gegebenenfalls die Betheiligten entsprechend aufzuklären.

10. Es erscheint veranlaßt, besonders darauf aufmerksam zu machen, daß die auf die Rinderpest bezüglichen gesetzlichen Bestimmungen und sonstigen Vorschriften von dem Reichsgesetze vom 23. Juni 1880 und von den hiezu ergangenen Ausführungsbestimmungen unberührt bleiben.

Die Bestimmungen der Ministerialbekanntmachung vom 20. Dezember 1879, Maßregeln gegen Viehseuchen betr., (Ges.- u. V.-Bl. S. 1536) bleiben nicht blos in Bezug auf die Rinderpest, sondern auch insoweit sie sich auf andere Viehseuchen beziehen, in Kraft.

München, den 24. März 1881.

v. Pfeufer. **v. Riedel.**

Der General-Sekretär.

An dessen Statt:

Ministerialrath **v. Kopp.**

Anlage.

Gemeinfaßliche Belehrung

über die

im § 10 des Reichsgesetzes vom 23. Juni 1880 aufgeführten ansteckenden Krankheiten der Hausthiere.

Milzbrand.

Der Milzbrand ist eine am häufigsten bei Rindern und Schafen, seltener bei Pferden, Ziegen und Schweinen vorkommende, sehr rasch und meist tödtlich verlaufende ansteckende Krankheit, welche besonders in den Sommermonaten bei feuchtwarmer Witterung auftritt und in manchen Gegenden einheimisch ist.

Die Kennzeichen des Milzbrandes sind nach den Thiergattungen, und je nachdem der eine oder der andere Körper besonders ergriffen ist, sehr verschieden.

Plötzliche Todesfälle unter den Hausthieren können den Verdacht der Seuche erwecken, wenn derartige Fälle sich in einem Viehbestande wiederholen oder an Orten vorkommen, wo der Milzbrand bereits in früheren Jahren aufgetreten ist. Oefters erfolgt der Tod so rasch, daß vorher Krankheitserscheinungen gar nicht wahrgenommen werden (Milzbrandblutschlag); bei weniger raschem Verlaufe zeigen die betroffenen Thiere Aufhören der Freßlust, Versiegen der Milch, Unruhe, Zittern, unsichern Gang, ungleiche Vertheilung und Wechsel der Körperwärme; es tritt dunkle Röthung der sichtbaren Schleimhäute, schnelles und beschwerliches Athmen und bisweilen blutiger Durchfall ein; bei Pferden zeigt sich gewöhnlich Kolik, bei Schafen das Absetzen eines blutigen Urins.

Nicht selten entstehen an verschiedenen Theilen des Körpers ausgebreitete Geschwülste der Haut (Milzbrandrothlauf) oder umschriebene beulenartige Anschwellungen (Karbunkel) in der Haut und in den Schleimhäuten, welche bisweilen brandig verjauchen oder unter Steigerung des Allgemeinleidens plötzlich verschwinden Die Dauer der meistens tödtlich endigenden Krankheit beträgt einige Stunden bis zu mehreren Tagen.

Die Kennzeichen des Milzbrandes treten nach dem Tode deutlicher hervor; an den Kadavern stellt sich schon in einigen Stunden Fäulniß ein; aus den verschiedenen Oeffnungen des Leibes fließt Blut ab und der Bauch wird sehr bald trommelartig aufgetrieben. Bei der Zerlegung des Kadavers zeigt sich allenthalben eine schwarzrothe, dickflüssige (theerartige) Beschaffenheit des Blutes und an irgend einem Körpertheile unter der Haut oder an einzelnen inneren Organen finden sich sulzige, blutige Ausschwitzungen; die Milz ist meistens vergrößert und erweicht.

Ursachen.

Der Milzbrand entsteht entweder ursprünglich oder durch Ansteckung. Die Ursache der ursprünglichen Entwicklung ist noch nicht näher bekannt, erfahrungsgemäß ist aber festgestellt:

1. daß nur die Pflanzenfresser, namentlich die wiederkauenden, ursprünglich erkranken;
2. daß die Schädlichkeit in einer gewissen Bodenbeschaffenheit gegeben ist, und der Milzbrand nur an bestimmten Orten alljährlich oder doch zuweilen, und an anderen Orten niemals vorkommt;
3. daß der Milzbrand als Ortsseuche namentlich in den Flußgebieten und Alpengegenden und überall, wo die Dammerde in mächtigen Schichten gelagert ist, häufig auftritt, und
4. daß die Erkrankungen in den sogenannten Milzbranddistrikten am häufigsten bei dem Weidegang, weniger bei der Stallfütterung vorkommen.

Der ursprünglich entstandene Milzbrand kann sich durch Ansteckung von Thier zu Thier unmittelbar und mittelbar weiter verbreiten.

Der Ansteckungsstoff haftet am Blute und ist deshalb auch in allen Körpertheilen, allen Ausleerungen und Abfällen vorhanden; er ist schwer zerstörbar und geht bei dem Austrocknen der thierischen Stoffe an der Luft nicht wie andere Ansteckungsstoffe rc. zu Grunde.

Frische Milzbrandkadaver sind am ansteckendsten. Mit dem Eintritt der Fäulniß nimmt die Ansteckungsfähigkeit ab, und die gänzlich verfaulten Kadaver sind wenig oder gar nicht mehr ansteckend.

Als eine besondere Eigenthümlichkeit des Milzbrand-Ansteckstoffes ist aber hervorzuheben, daß er bei dem trockenen Zerfallen der Milzbrandkadaver (in der sogenannten Verwesung) nicht zu Grunde geht, sondern in die umgebende Erde übertritt und Jahre lang wirksam bleibt.

Das oberflächliche Eingraben der Milzbrandkadaver ohne reichliche Beschüttung mit Aetzkalk kann deshalb nach Jahren noch Milzbrandausbrüche zur Folge haben.

Die durch verwesie Milzbrandkadaver infizirte Erde vermittelt eine Ansteckung, wenn sie als Streu (Erdstreu) in den Ställen benutzt wird, ferner bei Thieren, welche auf solchen Verscharrungsplätzen lagern oder weiden.

Alle höher entwickelten Thiere sind für das Milzbrandgift mehr oder weniger empfänglich, am leichtesten werden die landwirthschaftlichen Hausthiere, besonders die wiederkäuenden, und am seltensten die Hunde angesteckt. Auf den Menschen ist der Milzbrand ebenfalls übertragbar, er nimmt aber bei demselben meist einen milden — örtlichen — Verlauf.

Die Ansteckung erfolgt am häufigsten durch Berührung mit dem Blute; die geringsten Hautverletzungen begünstigen die Ansteckung.

Die Erfahrung hat gelehrt, daß die Ansteckungen mehr von frischen Milzbrandkadavern ausgehen, als von milzbrandkranken Thieren. Von dem Blute sind schon sehr kleine Quantitäten zur Ansteckung genügend, so daß selbst Stechfliegen durch Uebertragung von Blutspuren eine Ansteckung vermitteln können. Futterstoffe, die mit Blut oder sonstigen Abfällen von Milzbrandkadavern beschmutzt sind, können Ansteckung verursachen.

Vorbauung.

Den beiden Entstehungsarten gegenüber gibt es ein doppeltes Vorbauungsverfahren, ein diätetisches, zur Verhütung der Einwirkung des noch unbekannten Milzbrandgiftes auf den Thierkörper und ein veterinärpolizeiliches, zur Verhütung der Weiterverbreitung durch Ansteckung.

Das Verhüten der weiteren freiwilligen Entwickelung des Milzbrandes ist nur durch Aenderung in der Ernährungsweise zu erreichen. Bei Ausbrüchen unter weidenden Herden muß ein Wechsel in der Weide oder ein Aufstallen der Herde stattfinden. Ausbrüche in der Stallfütterung erheischen eine Aenderung in dem Futter; Futterstoffe, bei deren Verwendung sich der Milzbrand entwickelt hat, dürfen nicht weiter verabreicht werden.

Königlich Allerhöchste Verordnung,

die Entschädigung für Viehverluste in Folge von Milzbrand betreffend.

(Gesetz- und Verordnungsblatt Nr. 30 S. 268 f.)

Im Namen Seiner Majestät des Königs.

Luitpold,

von Gottes Gnaden Königlicher Prinz von Bayern, Regent.

Wir finden Uns bewogen, zum Vollzuge des Gesetzes vom 26. Mai 1892, die Entschädigung für Viehverluste in Folge von Milzbrand betreffend, zu verordnen, was folgt:

§ 1.

Die Bestimmung in § 3 Abs. 2 der Verordnung vom 23. März 1881, betreffend den Vollzug des Reichsgesetzes über die Abwehr und Unterdrückung von Viehseuchen vom 23. Juni 1880 und des bayerischen Ausführungsgesetzes hiezu vom 21. März 1881 — Gesetz= und Verordnungsblatt Seite 129 —, wird aufgehoben.

4*

§ 2.

Die Bestimmungen in den §§ 6 und 13 der bezeichneten Verordnung vom 23. März 1881 haben zum Vollzuge des Art. 5 des Gesetzes vom 26. Mai 1892 gleichmäßig Anwendung zu finden.

München, den 10. Juni 1892.

Luitpold,

Prinz von Bayern,
des Königreiches Bayern Verweser.

Dr. Frhr. v. Riedel. Frhr. v. Feilitzsch.

Auf Allerhöchsten Befehl:
Der General-Sekretär:
Ministerialrath **v. Ries.**

Bekanntmachung,

die Entschädigung für Viehverluste in Folge von Milzbrand betreffend.

(Gesetz- und Verordnungsblatt Nr. 30 S. 269 f.)

Königliche Staatsministerien des Innern und der Finanzen.

Zum Vollzuge des Gesetzes vom 26. Mai 1892, die Entschädigung für Viehverluste in Folge von Milzbrand betreffend, und der Königlich Allerhöchsten Verordnung hiezu vom 10. Juni 1892 werden nachstehende Bestimmungen getroffen:

1. Unter dem Milzbrand im Sinne des Gesetzes vom 26. Mai 1892 ist auch der Rauschbrand und die sogenannte Wildseuche zu verstehen, wobei noch bemerkt wird, daß für diese Krankheitsformen in manchen Gegenden noch verschiedene andere volksthümliche Bezeichnungen im Gebrauch sind.

2. Nach § 33 des Reichsgesetzes vom 23. Juni 1880 über die Abwehr und Unterdrückung von Viehseuchen müssen die Kadaver gefallener oder getödteter milzbrandkranker oder der Seuche verdächtiger Thiere sofort unschädlich beseitigt werden und ist die Abhäutung derselben verboten.

Bei Untersuchung von Thieren auf Milzbrand nach Maßgabe des Gesetzes vom 26. Mai 1892 ist deshalb eine Zerlegung des Kadavers thunlichst zu vermeiden und das

Verfahren in Bezug auf die Feststellung der Seuche wie auf die Abschätzung der Thiere möglichst zu beschleunigen, was um so leichter sein wird, als eine Untersuchung der an Milzbrand zu Grunde gegangenen Thiere auf andere ihrer Art oder dem Grade nach unheilbare und unbedingt tödtliche Krankheiten sowie auch eine Rückschätzung etwaiger dem Besitzer zur Verfügung bleibender Theile des Kadavers dabei nicht stattfindet.

3. Sind in einer Stallung bereits ein oder mehrere Viehstücke an Milzbrand gefallen, so ist es nicht ausgeschlossen, mit den ersten Abschätzungen solcher Thiere vorsorglich und unter entsprechender Verzeichnung auch die Schätzung der übrigen noch gesund oder nur verdächtig erscheinenden Thiere zu verbinden; soferne dann in kürzerem Zeitraume das eine oder das andere dieser vorgeschätzten Thiere an Milzbrand verloren gehen sollte, kann von einer weiteren Schätzung abgesehen werden; doch empfiehlt es sich in solchem Falle, den Berechtigten bei Anmeldung seines Entschädigungsanspruches mit seiner etwaigen Erinnerung dagegen einzuvernehmen.

4. Für die Bezeichnung bürgerlicher Sachverständiger zu den Schätzungskommissionen in den unmittelbaren Städten und in den Distriktsgemeinden sowie für die Auswahl unter diesen Sachverständigen im Einzelfalle haben die Vorschriften in Ziff. 2 der zum Vollzuge des Reichsgesetzes über die Abwehr und Unterdrückung von Viehseuchen und des bayerischen Ausführungsgesetzes ergangenen Bekanntmachung der k. Staatsministerien des Innern und der Finanzen vom 24. März 1881 — Gesetz- und Verordnungsblatt Seite 134 — im Vollzuge des Art. 5 des Gesetzes vom 26. Mai 1892 gleichmäßig Anwendung zu finden.

Selbstverständlich können die zu den Schätzungen in Fällen von Rotz oder Lungenseuche aufgestellten Sachverständigen auch für die Schätzungen in Milzbrandfällen gewählt und bestimmt werden.

5. In Bezug auf die Vergütung für die bürgerlichen Mitglieder der Schätzungskommission, die Gebührenansprüche des thierärztlichen Mitgliedes, die Wahrnehmung der Interessen

der Staatskasse, sowie die Zahlungsanweisung der Entschädigungen und die Feststellung der Kosten haben die Vorschriften in Ziff. 3, 4, 5, 6 und 7 der angeführten Bekanntmachung vom 24. März 1881 auch für den Vollzug der Art. 1 bis 5 (einschließlich) des Gesetzes vom 26. Mai 1892 entsprechend maßzugeben.

München, den 15. Juni 1892.

Dr. Frhr. v. Riedel. **Frhr. v. Feilitzsch.**

Der General-Sekretär:
Ministerialrath **v. Ries.**

Bekanntmachung.

Schadensvergütung für Viehverluste durch Milzbrand im benachbarten Grenzgebiete betreffend.

(Amtsblatt des k. Staatsministeriums des Innern Nr. 24 S. 300 f.)

Königliche Staatsministerien des Innern und der Finanzen.

Zum Vollzuge des Art. 6 des Gesetzes vom 26. Mai 1892, die Entschädigung für Viehverluste in Folge von Milzbrand betreffend (Gesetz- und Verordnungsblatt S. 143), werden nachstehende Bestimmungen getroffen:

1.

Wenn Rinder und Pferde eines in Bayern gelegenen landwirthschaftlichen Betriebes sich auf Weiden oder im landwirthschaftlichen Betriebe zeitweise im benachbarten Grenzgebiete befinden und dortselbst in Folge von Milzbrand gefallen sind oder getödtet wurden, so hat der Besitzer solcher Thiere, soferne derselbe eine theilweise Vergütung des Schadens nachzusuchen beabsichtigt, dieses Gesuch mit möglichster Beschleunigung und innerhalb einer Frist von längstens acht Tagen von dem Zeitpunkte an gerechnet, zu welchem der Besitzer von dem Tode des Thieres Kenntniß erhielt, schriftlich oder mündlich bei der Ortspolizeibehörde, in deren Bezirk der Wirthschaftsbetrieb liegt, anzubringen.

2.

Mit oder alsbald nach Anbringung des Gesuches hat der Geschädigte eine genaue Verzeichnung und Beschreibung nebst Werthangabe für jedes zu Verlust gegangene Thier, sowie die ihm zur Verfügung stehenden Nachweise über das Vorhandensein eines Milzbrandfalles, namentlich thierärztliche Zeugnisse, an die Ortspolizeibehörde zu übergeben. Von der letzteren ist das Gesuch mit den Beilagen sofort an die vorgesetzte Distriktspolizeibehörde einzusenden.

3.

Seitens der Distriktspolizeibehörde sind die Vorlagen, benehmlich mit dem amtlichen Thierarzte in Bezug auf die Feststellung der Seuche, die Identität und den Werthanschlag der Thiere einer genaueren Prüfung zu unterstellen; soweit hiebei in der einen oder anderen Richtung sich Mängel ergeben, ist durch sachgemäße Ermittlung, sei es in Einvernahme der einschlägigen außerbayerischen Bezirksbehörde, in zeugschaftlicher Erhebung oder auf sonstigem zweckförderlichem Wege entsprechende Ergänzung zu veranlassen.

Eine Beiziehung und Mitwirkung bayerischer Thierärzte kann dabei von der Polizeibehörde nur insoweit in's Auge gefaßt werden, als dies mit den Zuständigkeiten der Thierärzte im Grenzbezirke für den gegebenen Fall im Einklange steht.

Ueber den Werth der Thiere sind in sinngemäßer Anordnung des Art. 5 des Gesetzes vom 26. Mai 1892 und des § 2 der k. Allerhöchsten Verordnung hiezu vom 10. Juni 1892 (Gesetz- und Verordnungsblatt S. 269) zwei bürgerliche Sachverständige, wozu die nach Ziff. 4 der Ministerial-Bekanntmachung vom 15. Juni 1892 (Gesetz- und Verordnungsblatt S. 270) für die Milzbrandentschädigungen aufzustellenden Sachverständigen, gleichmäßig zu verwenden sind, einzuvernehmen, was je nach den Entfernungsverhältnissen zur Vermeidung größerer Kosten auch schriftlich geschehen kann.

Im bayerischen Grenzgebirge, von wo während des Sommers Vieh auf benachbarten österreichischen Alpen zur Weide sich befindet, erscheint es zur Feststellung der Identität und des Werthes sachförderlich, vor Auftrieb der Thiere ein Verzeichniß derselben unter genauer Angabe des Geschlechtes, des Alters, der Farbe und der besonderen Abzeichen vor der Ortspolizeibehörde aufzustellen und unter Zuziehung eines von der Ortspolizeibehörde zu vereidigenden Sachverständigen der Gemeinde zu jedem Thiere den Werth beizusetzen; dieses Verzeichniß ist vom Bürgermeister zu beglaubigen und bei der Ortspolizeibehörde aufzubewahren; bei Anmeldung eines Milzbrandfalles ist beglaubigter Auszug für das betreffende Thier an die Distriktspolizeibehörde mit vorzulegen und in solchem Falle kann dann von Einvernahme eines weiteren Sachverständigen aus der Gemeinde des Gesuchstellers Umgang genommen werden.

4.

Die nach Ziff. 3 abgeschlossenen Verhandlungen sind mit Gutachten des amtlichen Thierarztes von der Distriktspolizeibehörde unter berichtlicher Aeußerung an die k. Regierung, Kammer des Innern, vorzulegen und von dieser mit Gutachten des Kreisthierarztes der k. Regierungsfinanzkammer zur etwaigen Erinnerungsabgabe mitzuteilen.

Soferne hienach nicht etwa zur Aufklärung oder Vervollständigung noch Ersetzungen geboten sein sollten, sind die Akten mit gutachtlichem Berichte dem k. Staatsministerium des Innern in Vorlage zu bringen.

5.

Ueber die etwa erwachsenen Kosten des Verfahrens, wofür die Ziff. 5 der bezeichneten Ministerial-Bekanntmachung vom 15. Juni 1892 beziehentlich maßzugeben hat, ist von der Distriktspolizeibehörde ein Verzeichniß anzufertigen; dieses ist von der k. Regierung beider Kammern zu prüfen und sodann von der Kammer des Innern mit den Akten an das k. Staatsministerium des Innern einzusenden.

6.

Die k. Staatsministerien des Innern und der Finanzen entscheiden sodann, ob und inwieweit eine Vergütung des Schadens aus der Staatskasse zu gewähren sei, wobei gleichzeitig über die Deckung der nach Ziff. 5 erwachsenen Kosten Bestimmung getroffen werden kann.

München, den 5. Juli 1892.

Dr. Frhr. v. Riedel. Frhr. v. Feilitzsch.

Der General-Sekretär:

v. Ries,
Ministerialrath.

Inhaltsübersicht.

Druck von Seitz & Schauer, München, Buttermelcherstraße 16.

FSC
www.fsc.org
MIX
Papier | Fördert gute Waldnutzung
FSC® C083411

Kolibri 360 GmbH
Ferdinand-Jühlke-Straße 7
99095 Erfurt, Deutschland
produktsicherheit@kolibri360.de